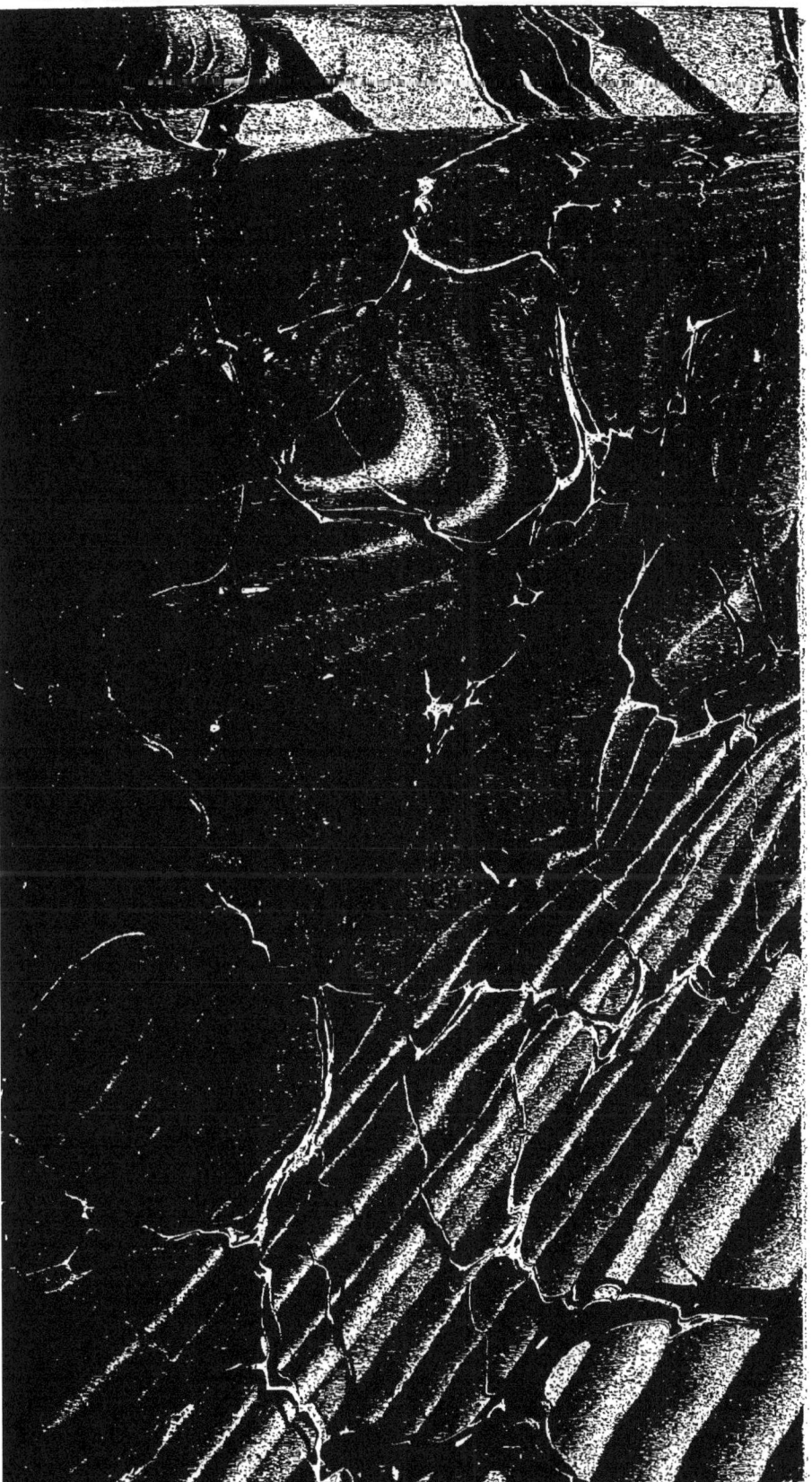

LA BONNE ÉCOLE,

OUVRAGE

AU MOYEN DUQUEL

L'ENFANT,

EN S'EXERÇANT A LA LECTURE,

APPREND,

Rapidement et sans efforts, *tous* les Faits grammaticaux et les Notions élémentaires de la Religion, de la Morale, des Sciences, des Lettres et des Arts.

Par M. CHAUTARD.

PUBLIÉ SOUS LES AUSPICES DE M. CUREL,
Préfet des Hautes-Alpes.

PREMIÈRE LIVRAISON. (PARTIE COMPLÈTE).

Heureux enfants, pour vous, à l'avenir,
Apprendre ne sera que vous ressouvenir.

A GAP,

CHEZ J. ALLIER ET FILS, IMPRIMEURS-LIBRAIRES,
PLACE SAINT-ÉTIENNE ET RUE DE FRANCE, N° 1.

1843.

Chaque exemplaire doit être revêtu de la signature de l'Éditeur.

J. allier

GAP.—IMPRIMERIE DE JOSEPH ALLIER.

A Monsieur Curel, Préfet des Hautes-Alpes.

Gap, 12 novembre 1842.

Monsieur le Préfet,

L'ouvrage que je publie étant la réalisation de vos propres idées sur l'enseignement élémentaire, je remplis un devoir de justice et de gratitude en vous priant de le recevoir sous vos auspices.

Veuillez en être persuadé, Monsieur le Préfet, en vous offrant ce légitime hommage, j'ai songé, non à votre position, mais à votre personne, à votre caractère, à vos nobles qualités, à l'étendue et à la supériorité de vos lumières; je n'ai, en un mot, recherché votre suffrage que pour donner à mon œuvre la sanction de la vertu et du savoir.

Je suis avec respect,

Monsieur le Préfet,

Votre très humble et très obéissant serviteur,

CHAUTARD.

Département des Hautes-Alpes,

CABINET DU PRÉFET.

———

Gap, le 15 novembre 1842.

Monsieur,

J'ai reçu la lettre par laquelle vous m'annoncez la publication d'un nouvel ouvrage sur l'enseignement élémentaire.

J'avais déjà entendu parler du travail dont vous vous occupez, et ce que j'en ai appris ne peut que m'inspirer de la confiance dans son mérite et son utilité.

Préparer les enfants aux exercices de la Grammaire française, en les familiarisant d'avance et par des lectures appropriées à l'objet qu'on se propose, avec les parties du discours et les règles de la syntaxe, c'est les amener sans dégoût à la connaissance de toutes ces abstractions si peu accessibles par elles-mêmes à leur intelligence; c'est tout à la fois rendre et plus rapides et plus sûrs les progrès de l'enseignement.

Je ne puis, donc, Monsieur, que prendre un vif intérêt à une œuvre destinée, je n'en doute pas, à conformer l'instruction aux besoins, à l'appuyer d'ailleurs sur tous les sentiments qui forment la règle

A Monsieur Chautard, Inspecteur des Ecoles primaires.

de conduite, à faire en un mot qu'elle soit saine et salutaire par la pureté des principes et meilleure par le mérite de la méthode.

Aussi regarderai-je toujours comme un service essentiel rendu au pays, et comme un titre à la reconnaissance publique, le succès de vos efforts dirigés vers ce but.

Agréez, Monsieur, l'expression de mes sentiments très distingués,

Le Préfet des Hautes-Alpes,
CUREL.

DIALOGUE

SERVANT DE PRÉFACE.

Un vieux Magister et l'Auteur.

Le Magister. Ah! çà, M. l'Auteur, je voudrais bien savoir quel démon vous possède pour nous tailler ainsi, chaque année, une nouvelle besogne. Je savais par cœur, ou à peu près, mon vieux *livre de lecture* et *ma vieille grammaire* et voilà que, coup sur coup, vous nous envoyez un *livre de lecture* et *une grammaire* que nous ne comprendrons peut-être jamais.

L'Auteur. Pas de méchancetés, je vous prie ; les vérités que vous ne comprenez pas valent bien peut-être les erreurs que vous ne comprenez pas davantage et que vous avez le courage de nous donner pour des vérités.

Le M. Les erreurs, les erreurs! nous sommes donc des niais.

L'A. Des niais, non ; mais des hommes qui aiment mieux vivre des opinions qu'ils ont reçues toutes faites que se donner la peine d'examiner. La science est si facile quand elle consiste uniquement à répéter machinalement ce que les autres ont dit !

Le M. Qu'avez-vous donc tant à relever dans notre enseignement ?

L'A. Beaucoup trop, pour que j'entreprenne de vous répondre.

Le M. Voilà les raisons des gens qui n'en ont pas.

L'A. Voulez-vous m'écouter ?

Le M. Très-volontiers, ma foi, et pour vous encourager à parler, je m'engage à suivre votre système si vous me démontrez qu'il est bon.

L'A. Vous allez être convaincu. Il faut, n'est-ce pas, pour faire aller l'intelligence et vite et bien la conduire toujours du connu à l'inconnu ?

Le M. C'est un principe aussi vieux que l'alphabet.

L'A. C'est juste ; mais malheureusement l'application n'en a jamais été faite ; et, mystifiée par vous, notre pauvre jeunesse, allant de l'inconnu à l'inconnu, croit arriver toujours et n'arrive jamais.

Le M. Il est vrai que les progrès sont lents.

L'A. Etonnez-vous, mon cher, de ce qu'ils ne le sont pas davantage. Quand vous entretenez vos élèves d'objets dont ils n'ont pas la moindre idée, pouvez-vous trouver étrange qu'ils ne conçoivent pas ce que vous leur dites ? Ne reconnaissez-vous pas, au contraire, que les doutes, les incertitudes, les embarras disparaîtraient pour eux, s'ils avaient toujours le moyen de vérifier l'exactitude de vos paroles, s'ils étaient en mesure, au moment même où vous établissez ce que vous appelez une *règle*, de vous répondre, en s'appuyant sur leurs propres souvenirs, mais monsieur, nous l'avons vu, nous le savions déjà, c'est cela, parfaitement cela? Ne voyez-vous pas comme ils seraient contents, comme ils seraient ravis d'être pour quelque chose dans cette découverte, et quel puissant aiguillon vous auriez alors pour réveiller leur curiosité, pour exciter leur émulation, pour mettre en jeu les merveilleuses facultés que votre absurde et pernicieux système a comme paralysées?

Le M. Oh! oh! comme vous vous enthousiasmez! Il est seulement fâcheux que cette brillante tirade n'ait pas le sens commun. Vous voulez que les enfants sachent les choses avant de les avoir apprises! Folie! folie! Je me dédis; je ne prendrai pas votre livre.

L'A. Prenez-le, ne le prenez pas, faites-en à votre tête, ma proposition n'en est pas moins inattaquable; et contre vous et contre vos pareils, je soutiens, je soutiendrai qu'il faut que l'élève trouve dans les faits qu'il a auparavant observés lui-même, la justification des doctrines que vous lui présentez; et, si ce langage n'est pas assez clair pour vous, j'ajouterai pour me faire comprendre, que l'individu qui aura vécu dans les champs et qui y aura vu mille et mille fois des arbustes, des arbrisseaux, des arbres, sera plus apte à saisir ce qu'on pourra lui dire ensuite des végétaux que celui qui n'étant jamais sorti de sa chambre n'aura vu de ces objets ni en nature ni en peinture.

Le M. Pour cela, j'en conviens.

L'A. Nous voilà donc d'accord, puisque l'ouvrage que je suis en train de publier est la réalisation de cette pensée si juste appliquée à l'étude de la langue et des éléments de la Religion, de la morale, des lettres, des sciences et des arts.

Le M. Il y a donc tout là dedans.

L'A. Je répondrais que oui, si, comme un de mes confrères, je pensais que tout est dans tout. Mais comme, grâces à Dieu, je ne suis ni fou ni charlatan, je me contenterai de dire que dans mon livre il y a une méthode qu'on n'a trouvée dans aucun autre, et beaucoup plus de choses que dans les plus gros.

Le M. C'est drôle tout de même, et je ne m'en serais pas douté. La science universelle en 168 pages.

L'A. Vous avez raison de vous en étonner. Mais tout mon bagage n'est pas là. Ce n'est que la première livraison d'un ouvrage, qui, dans son ensemble, formera un répertoire complet de la langue française et une sorte d'encyclopédie.

L'A. Si vous tenez parole, je me rends. Il ne vous reste plus qu'à m'expliquer comment je dois me servir de votre livre.

L'A. Le procédé est simple et facile. Vous n'avez qu'à le faire lire d'abord sans commentaires, comme si vous ne vous proposiez que d'exercer votre élève à la lecture. Ensuite vous appelez son attention sur les mots imprimés ou en capitales ou en italiques, en donnant successivement toutes les définitions, toutes les explications commandées par la circonstance. Ma grammaire vous serait pour cela d'un utile secours. Essayez, et le résultat vous prouvera qu'il est impossible qu'un enfant, même borné, après avoir ainsi parcouru cette première livraison, ne possède pas mieux que beaucoup de maîtres très respectés et très respectables *tous* les faits qui se rapportent 1° à la formation du pluriel dans les substantifs; 2° aux substantifs qui n'ont pas de pluriel; 3° aux substantifs qni n'ont pas de singulier; 4° aux substantifs qui, au propre, s'emploient au singulier et, au figuré, s'emploient au pluriel; 5° aux substantifs composés; 6° aux genres dans les substantifs; 7° aux homonymes et aux paronymes.

Le M. Oh! vous aurez bien quelques omissions à vous reprocher.....

L'A. Je vous remercie de l'avertissement et j'en ferai mon profit; dans une prochaine édition, je ferai subir à mon œuvre toutes les modifications qu'une critique éclairée m'aura indiquées.

Le M. Nous verrons... mais si je ne réussis pas.

L'A. Ce sera votre faute.

Le M. Un auteur ne répond jamais autrement.

L'A. Je suis sûr de mes outils, qui me garantira l'intelligence et l'adresse des ouvriers?

Le M. Adieu. La chose ira ou je ne suis qu'un sot.

L'A. Je vous l'ai dit, nous voilà d'accord; adieu.

LA BONNE ÉCOLE.

PREMIÈRE PARTIE.

NOMBRES.

**FORMATION
Du pluriel dans les Substantifs** (¹).

1. MALHEUR des MALHEURs! CALAMITÉ des CALAMITÉs! MALÉDICTION des MALÉDICTIONs! disait un SEIGNEUR à deux autres SEIGNEURs.

2. J'ai un BRAS malade, et vos BRAS sont en bon état. Je n'ai pas obtenu une CROIX, et vous avez chacun trois CROIX; et cependant, sur les champs de bataille, j'ai perdu jusqu'à la moitié de mon NEZ, tandis que vos NEZ à vous n'ont pas reçu une égratignure.

3. Et vous ne voulez pas que le FEU de la fièvre me dévore! Il est des moments où je crois être brûlé par tous les FEUx de l'enfer. Je voudrais m'aller cacher aux extrémités du monde. Si j'avais un VAISSEAU, j'irais en Amérique.

(1) Voyez la Grammaire de M. Chautard, chez Allier, à Gap.

Mais où trouver des VAISSEAU*x* ? D'ailleurs il me faudrait un LANDAU pour me rendre au port, et ici les LANDAU sont rares.

4. Et puis, quand je l'aurais, en serais-je plus avancé? Je n'ai pas un SOU, et personne, que je sache, ne voudrait me prêter deux SOU*s*.

M'en aller à pied? Impossible! Je souffre tant du GENOU ! Malheureux que je suis, je vis comme un HIBOU. Je fais ma soupe avec un CHOU. Je n'ai plus un BIJOU. J'ai vendu même le JOUJOU de mon enfant. Mon oreiller est un gros CAILLOU. J'ai honte de le dire, j'ai trouvé sur moi..... un POU ! Oh ! de grâce, je vous en prie, j'embrasse vos GENOU*x*. Ne soyez pas cruels comme des HIBOU*x*. Je ne puis pas toujours ne manger que des CHOU*x*; il faut, s'il est possible, que je rachète mes BIJOU*x*; que je donne à mon enfant quelques JOUJOU*x*; Quelle honte pour moi, et aussi quelle honte pour vous, si j'étais condamné à dormir sur les CAILLOU*x*; si j'étais dévoré par les POU*x* !

5. J'ai ouï dire qu'un JOURN*al* annonce l'arrivée d'un GÉNÉR*al*, et vous ne l'ignorez pas, sans doute, puisque vous lisez tous les JOURN*aux*. Vous pouvez donc me rendre service, car vous connaissez tant de GÉNÉR*aux* !

Ayez pitié de mes misères; le supplice du PAL me serait moins cruel que celui que j'endure; vous ne vous en doutez pas, vous qui n'avez pas un CAL à vos mains. Mais jetez un regard sur les miennes, vous les verrez couvertes de CALs, et il n'en peut être autrement puisqu'il me faut, pour vivre, passer ma journée à aiguiser des PALs. Allez donc, je vous le répète, faites-moi obtenir un emploi quelconque; sans quoi, plus de BAL, plus de CARNAVAL, plus de RÉGAL; et vous vous rappelez combien de CARNAVALs nous avons passés ensemble! Que de BALS! Que de RÉGALs! Tout féroce qu'il est, un CHACAL, s'il pouvait me comprendre, serait attendri. Vous ne serez pas plus insensibles que des CHACALs.

6. Mais, non, rien ne vous émeut; ce DÉTAIL ne vous suffit pas : vous me croyez paresseux, dissipateur, et il faut que j'entre dans de nouveaux DÉTAILs.

Je ne puis pas payer mon B*ail*, vous dis-je, et dès-lors personne ne regardera comme sérieux les B*aux* que je souscrirai. J'aime le TRAV*ail*, mais par malheur tous les TRAV*aux* sont suspendus. J'irais, s'il le fallait, à la pêche du COR*ail*, mais les COR*aux* ne se vendent plus. Que me reste-t-il donc à faire? A contempler l'ÉM*ail* des prairies! Mais les plus beaux ÉM*aux* ne remplissent pas l'estomac. L'autre jour j'ai failli me précipiter par un SOUPIR*ail* ; j'en suis tellement effrayé encore, que je tremble quand j'apperçois des SOUPIR*aux*.

Je me résignerais si je n'étais bon à rien ; mais que le Ministre me donne deux ou trois TRAVAIL*s*, et il verra comme je m'en tirerai. Non, les chevaux s'irritent moins contre les TRAVAIL*s* qui les contiennent, que je ne m'impatiente moi-même contre les obstacles qui m'arrêtent.

7. Assaisonner mon pain avec un AIL !
Manger toujours des oignons ou des { AILS ! AULX ! }

8. Oh ! si mon AIEUL, si mes deux AIEUL*s* me voyaient dans cet état !

Ils en rougiraient et pour eux-mêmes et pour nos AIEU*x*.

9. Le CI*el* me punit bien cruellement ! De telles indignités ne devraient pas se faire à la clarté des CI*eux*.

Quelle position ! Tous mes CIEL*s* de lit, tous ces tableaux dont on admirait les CIEL*s*, j'ai tout vendu. Sous lequel des CIEL*s* de l'Europe faut-il que j'aille vivre ? Si vous ne me secourez, je devrai m'aller cacher sous les CIEL*s* de carrière.

10. Mon OEIL se remplit de larmes ; je pleurerais de mes deux YEUX.

Croiriez-vous que j'ai été obligé de vendre jusqu'aux vîtres de tous mes OEILs-DE-BOEUF.

11. Étudiez donc, apprenez l'UNIVERS*el*, ce qu'il y a de commun dans les individus d'un même genre, d'une même espèce. Sachez comme moi les cinq UNIVERS*aux*, le genre, la différence, l'espèce, le propre et l'accident, et vous mourrez sur le fumier ! Que dis-je ? Je sais même le polonais, j'explique, comme le plus habile citoyen de Varsovie, les UNIVERS*aux*, les circulaires des Rois de Pologne, pour la convocation des diètes.

Réflexions Morales.

Le Seigneur dont vous venez d'entendre les longues doléances n'a pas tenu un langage fort convenable. Son début annonce un homme mal élevé. *Malheur des malheurs ! Calamité des calamités ! Malédiction des malédictions !* sont des expressions qui ressemblent presque à des jurons, et qui renferment une plainte contre la divine providence.

Ce sont les deux vices les plus odieux, je veux dire l'orgueil et la jalousie qui ont dicté les paroles qui suivent celles-là. Ce seigneur n'a pas de croix, parce que très probablement il n'a pas mérité d'en avoir. Les autres ont trois croix, parce que plus probablement encore ils ont mérité de les obtenir.

Penser autrement, c'est témérairement accuser l'autorité publique; et tout bon citoyen aimera mieux supporter en silence les suites d'une erreur qui le blesse personnellement que d'affaiblir par des paroles, toujours criminelles, le respect dû à l'autorité.

Et puis, le long étalage qu'il fait de ses souffrances nous donne la mesure de l'abjection profonde dans laquelle il est tombé. Car avec l'instruction qu'il prétend avoir reçue, avec les services qu'il se vante d'avoir rendus, il lui eût été facile d'avoir une position au moins supportable. L'État et la société n'abandonnent complètement que ceux qui s'abandonnent tout-à-fait eux-mêmes.

1. *Ainsi, mon enfant, ne parlez jamais que la langue des honnêtes gens. Que les gros mots, que les jurons ne souillent jamais votre bouche, n'offensent jamais l'oreille de vos parents, de vos amis, de vos concitoyens.*

2. *Ne vous exagérez point vos peines. Si vous souffrez, d'autres souffrent autant que vous et plus que vous peut-être. Si vous êtes chrétien, vous vous résignerez à toutes les douleurs qui pourront vous atteindre. Vous y verrez, en effet, ou un châtiment mérité, si vous avez failli, ou un moyen que Dieu emploie pour fortifier et faire éclater votre vertu, si vous avez eu le bonheur de marcher ferme dans la droite voie. Mais qui, parmi nous, a le droit de dire qu'il ne s'en est pas écarté?*

3. *N'écoutez ni les inspirations de l'orgueil, ni celles de la jalousie. L'orgueil enfle le cœur; la jalousie le déchire.*

4. Si vous êtes très malheureux, n'oubliez pas que Dieu est bon et qu'il conduira la charité dans votre demeure; n'exposez donc pas aux yeux des passants le hideux tableau de vos misères. Il est des maux, il est des plaies que la pudeur ordonne de cacher. En déclarant qu'il y aura toujours des pauvres, notre Seigneur Jésus-Christ n'a pas voulu dire qu'il y aura toujours des mendiants. La mendicité est la lèpre de la société.

5. Aimez votre patrie, aimez la France comme vous aimez votre mère.

Si vous aimez votre patrie, vous aimerez aussi ceux qui la gouvernent. Car, c'est par l'organe des hommes qui la gouvernent que la Patrie manifeste ses volontés. Or de même qu'un fils ne cesse pas d'aimer sa mère lorsque celle-ci, irritée de son inconduite, ou trompée par de fâcheuses apparences, lui inflige quelque châtiment; de même les bons citoyens doivent continuer d'aimer le Gouvernement de leur pays, *alors même que, par devoir ou par erreur, celui-ci a sévi contre eux.*

Substantifs qui n'ont pas de pluriel.

1. J'ai lu dans l'histoire romaine le récit du combat que les HORACE soutinrent contre les CURIACE. J'en étais émerveillé vraiment. Mais mon admiration s'est reportée ensuite sur les héros de mon pays, qui en effet a donné le jour à tant d'HORACEs, tout aussi dignes de vivre dans le souvenir de la postérité.

2. On nous accuse de n'aimer que l'OR et que l'ARGENT. Il est possible que ce reproche soit mérité à bien des égards. Mais si le salut de la patrie l'exigeait, tous ces ORs, tous ces ARGENTs auxquels la vanité paraît attacher un si grand prix seraient sacrifiés. Non le PATRIOTISME n'est pas éteint dans nos cœurs.

4. Le BOIRE, le MANGER, le DORMIR, les joies matérielles ne sont pas, quoi qu'on en dise, nos joies les plus chères. La FAIM, la SOIF et les autres besoins du corps, troublent moins notre SOMMEIL, notre REPOS

que la noble AMBITION qui nous fait rechercher l'ESTIME, la GLOIRE, la RENOMMÉE.

5. ON dit, on répète : CHACUN s'occupe de ses intérêts. Pourquoi s'en étonner ? NUL ne se repose sur AUTRUI du soin de son avenir ! Demandez donc à la *cigale* ce qu'elle obtint de la *fourmi*. PERSONNE n'a la folie de penser qu'il faut attendre la fortune les bras croisés ! Finissez-en, les *choses* que vous débiteriez là contre, ne seraient pas QUELQUE CHOSE de beau. Moi, j'ai bien AUTRE CHOSE à dire et QUICONQUE blâmera ma réserve aura tort. BEAUCOUP de bruit n'annonce pas toujours BEAUCOUP de zèle. TEL qui tonne contre la cupidité, est tourmenté plus fortement peut-être de la soif de posséder, et je n'accorde pas LE PLUS de confiance à CELUI qui d'une voix de Stentor s'obstine, sans que je l'en prie, sans qu'il en ait reçu la mission, à me prouver ou CECI ou CELA. ASSEZ de gens, TROP de gens savent parler, savent, sur chaque question, plaider le POUR et le CONTRE ; mais parmi les grands discoureurs PEU savent conformer leurs actes à leurs paroles. Faut-il tant d'art et d'éloquence pour démontrer qu'il y a des vices parmi nous. Le PEU de sagesse que nous voyons ne doit pas cependant nous rendre injustes envers notre époque. LE MOINS que nous puissions faire, c'est de placer le temps où nous

vivons au-dessus des temps qui précédèrent, et pour le développement de l'industrie et pour les merveilles que les arts ont produites.

6. Quant à ce qui est des mœurs, LE MIEUX serait, JE crois, qu'en penses-TU, toi-même? Que chacun employât à son amendement personnel les instants qu'il perd à déchirer les autres.

7. Oui, toutes ces accusations contre le siècle ressemblent à des QUIPROQUO; elles fourniraient matière à bien des ERRATA qui rempliraient, non pas quelques chétifs ALINEA, mais des IN-OCTAVO, des IN-QUARTO, des IN-FOLIO, auxquels il faudrait joindre force POST-SCRIPTUM. J'ai vu quatre de ces individus inquiets, qui toujours frondent. Ils faisaient en ce genre des QUATUOR à ravir. S'ils ont perdu leurs brevets d'hommes chagrins et moroses, je leur en délivrerai des DUPLICATA.

Ils se donnent les airs de dire des PATER et des AVE pour les autres, de chanter des TE DEUM, des ALLELUIA pour tout ce qu'ils font. Grands moralistes, ils établissent fidèlement, en fait de vertus et de bonnes actions, les DEBET de leurs voisins. Voyez-les : ce sont des A PARTE continuels, des SOLO sans fin. Peu s'en faut que, pour épurer le monde, ils ne demandent des AUTO-DA-FÉ. L'espace me manquerait si je voulais aborder les ET CÆTERA. Comment se fait-il cependant que ces bruyants et orgueilleux hommes de bien, ne veuillent jamais que de cette gloire facile, et qu'on ne les voie jamais dans les lieux où ils soupçonnent quelque danger. D'où vient qu'ils s'en éloignent ? Car sur ce terrain, on a toujours constaté contre eux je ne sais combien d'ALIBI.

8. Je n'ignore pas certes qu'ils m'opposeraient beaucoup de CAR, de MAIS, de CEPENDANT, de OUI, de NON, de POURQUOI, de COMMENT; mais ce serait pour moi comme s'ils chantaient des RÉ, des MI, des FA, des SOL, des LA, des SI, des UT.

Réflexions Morales.

On doit lire l'histoire, non pour satisfaire une vaine curiosité, mais pour exciter ou fortifier dans son cœur l'horreur du vice et l'amour de la vertu.

Si vous n'avez pas le temps de parcourir ce champ si vaste, qui embrasse en effet tous les évènements humains, depuis la création jusqu'à nos jours, procurez-vous au moins le loisir nécessaire pour connaître les principaux faits de l'histoire Sainte et ceux de votre pays ; vous êtes intéressé à les connaître les uns et les autres ; ceux-là parce qu'en établissant les motifs de votre croyance religieuse, ils entretiendront votre foi, ils soutiendront votre espérance ; ceux-ci, parce qu'en vous révélant quel culte nos pères ont voué dans tous les temps à la royauté, aux institutions et aux libertés qui en dérivent, ils feront naître ou développeront dans votre âme les nobles sentiments qui font le bon citoyen.

C'est dans la jeunesse que l'homme jouit de toutes les forces du corps et de toutes les forces de l'esprit. L'homme doit donc profiter de sa jeunesse pour se créer les ressources qu'il sait pouvoir lui devenir nécessaires, soit dans les temps malheureux, qu'il n'a pas la faculté de prévoir, soit dans la vieillesse, s'il plaît à Dieu de prolonger jusque là son existence. Mais ce soin des intérêts matériels, qui est très légitime, doit se renfermer dans de certaines limites. Car la Religion, il ne faut pas l'oublier, nous ordonne de nous considérer tous comme membres d'une seule famille et, dès lors, les autres hommes, que nous devons appeler nos frères, ont droit à nos secours, toutes les fois que de funestes circonstances les ont mis dans l'impossibilité de se suffire. D'un autre côté, la Patrie, cette terre sacrée où vivent réunis sous l'empire des mêmes lois, des mêmes besoins, des mêmes sentiments, nos concitoyens, nos frères de prédilection, pourra, plus particulièrement, faire un appel à cette bienveillance universelle qui est l'ornement et le mobile des âmes privilégiées.

Pourquoi attaqueriez-vous votre siècle. Est-ce qu'il n'y a pas entre votre siècle et vous plus qu'une simple solidarité d'honneur? Lui appartenez-vous ou ne lui appartenez-vous pas? Dieu sans doute, à votre égard, n'aura pas bien observé l'ordre des temps ; il ne vous aura pas mis à votre place !

Quelle idée! Et vos déclamtions contre votre prochain, dites-moi quel en est le but? Vous vous sentez peut-être meilleur que *lui*? Si c'est là la pensée que vous voulez faire entendre, le monde vous répondra que vos prétentions sont peu modestes; et la religion, que vous avez le double tort de manquer tout à la fois à l'humilité et à la charité. Après tout, est-il bien démontré que vous ayez toutes les vertus qu'il vous plaît de vous attribuer?

Mais, dites-vous, je ne suis mu que par l'évangélique désir de ramener au bien les infortunés qui s'en éloignent! C'est là, certes, une louable et sainte entreprise. Mais alors, pour l'exécuter, que n'agissez-vous comme l'évangile vous le conseille. Ne souillez plus publiquement ceux que vous voulez régénérer. Voyez-les, chez eux, en particulier, et dans un fraternel tête-à-tête, dites-leur, avec l'accent du zèle, de l'amitié, de la tendresse, tout ce que tantôt vous annonciez des toits au premier venant.

Mais votre sollicitude est trop justement suspecte. Laissez, laissez à ceux que Dieu a envoyés pour remplir cette glorieuse mission, le soin de redresser les consciences. Ils peuvent, eux, sans craindre d'humilier personne, tonner contre le vice, d'abord parce qu'ils en ont le droit, ensuite parce que leurs paroles sont fortifiées par l'autorité de l'exemple. Mais pour vous, mais pour nous, oh! c'est déjà une bien assez grande peine que celle d'avoir à régler, à surveiller constamment notre propre conduite. Heureux, en effet, celui qui aura traversé sa journée sans s'être mis dans le cas de rougir de lui-même!

Prions donc, puisque notre faiblesse est si grande, puisque nous sommes assiégés de tant de besoins. Prions tout à la fois et pour nous et pour les autres, puisque nous avons été condamnés pour la même faute aux mêmes labeurs et aux mêmes combats. Mais dans cette confession publique et solennelle de notre impuissance et de notre néant, sachons garder la seule attitude qui nous convient. Qu'un coupable orgueil ne vienne pas relever aussitôt entre nous et Dieu la barrière que sa grâce a renversée.

1. Si nous voulons être grands, imitons les exemples que nous ont laissés les héros de la religion, les héros de notre pays.

2. Travaillons. Nous n'aurons dans la vieillesse que ce que nous aurons semé dans la jeunesse et recueilli dans la maturité.

3. Soyons néanmoins généreux et charitables, parce que le prochain est notre frère et que le bien que nous lui aurons fait dans le temps, nous sera compté dans l'éternité.

4. N'attaquons ni notre siècle ni notre prochain, parce qu'il y a dans la censure que nous nous permettons d'en faire plus de vanité que de véritable zèle. La censure d'autrui implique l'éloge de soi.

5. Prions, prions souvent, parce que nous ne pouvons rien sans Dieu, et que Dieu n'accorde ses grâces qu'à ceux qui les lui demandent.

Substantifs qui n'ont pas de singulier.

1. Pas n'est besoin de prendre des BESICLES pour voir clair dans ces affaires là. Ces dolents sempiternels qui se plaignent de tout, qui accusent tout, composent ce parti qu'on appelle les MÉCONTENTS. Dans quelles ténèbres vivent-ils donc? Ils ne rêvent que des DÉCOMBRES. Toutefois les PLEURS qu'ils versent, les DOLÉANCES qu'ils font entendre ne sont pas sincères. Il y a dans leurs paroles plus d'égoïsme que de charité. Toujours aux AGUETS pour ce qui les intéresse, ils achètent de nouveaux BESTIAUX, ils ajoutent à leurs ACQUETS. Eux, leurs ENTOURS, leurs ALENTOURS sont sans ENTRAILLES. Ils reçoivent, comme si en les leur offrant vous n'acquittiez qu'une dette, les PRÉMICES de tout ce que vous recueillez; et si, chez eux, vous touchiez seulement à des BROUTILLES, à des BROUSSAILLES; si seulement vous franchissiez les LIMITES de leurs domaines,

malheur vous en arriverait; il vous faudrait songer à fuir dans les CATACOMBES. Vainement vous feriez des INSTANCES; vainement vous les prieriez, vous les supplieriez au nom de leurs PROCHES ou de leurs ANCÊTRES. Rien ne vous mettrait à l'abri de leur ressentiment. Ils vous poursuivraient; ils vous feraient condamner avec FRAIS et DÉPENS. Vos MOEURS n'y feraient rien. Vous mangeriez jusqu'à vos NIPPES jusqu'à vos HARDES. Vous seriez dans des AFFAIRES continuelles. Leur vanité passe toutes les BORNES, toutes les limites. Il faut voir Madame dans ses ATOURS, étalant ses APPAS, allant jusqu'aux CONFINS de l'Italie ou de l'Allemagne; s'irritant contre les moindres ENTRAVES; prévenante pour l'étranger; pleine d'orgueil envers les NATIONAUX; affectant de savoir tout; parlant des CALENDES, des IDES, des NONES, des cérémonies, des ACCORDAILLES, des FIANÇAILLES, des ÉPOUSAILLES; rassemblant des MATÉRIAUX pour écrire je ne sais quelle chronique;

rapportant comment un tel se comporta, quand il présenta son enfant aux FONTS baptismaux; comment une telle s'évanouit une fois, pendant qu'on chantait MATINES; une autre fois, pendant les VÊPRES. Quelle délicate organisation! Elle ne va aux OBSÈQUES de personne. La vue des IMMONDICES lui donne comme des nausées ; il lui faut des PINCETTES pour ramasser ses gants. Elle ne toucherait pas à vos MOUCHETTES, à vos VERGETTES, à vos CISEAUX. C'est trop sale et trop dégoûtant! MANES de mes ancêtres, dit-elle, je ne souillerai pas mes nobles mains ; et pourtant Madame va aux ASSISES! Quelle sensibilité! (¹)

———

La cupidité naît d'une coupable exagération de l'amour de soi. La crainte de manquer du nécessaire fait que le désir d'acquérir dégénère, chez quelques individus, en une sorte de

(1) *Voir à la fin du volume la liste des autres substantifs qui n'ont pas de singulier.*

manie, en une sorte de fureur. Parce qu'il craint de manquer de tout, l'homme cupide veut tout avoir. Oh! que cette passion est opposée aux principes du christianisme! Quand donc serons-nous convaincus que ce que nous appelons notre superflu, ne nous appartient réellement pas, qu'il est la propriété du malheureux qui a faim, qui a froid, et qui, la bouche béante et grelotant, attend avec anxiété que nous lui restituions le pain et les vêtements que nous lui avons ravis?

L'orgueil est la source de tous les vices; ou, ce qui est la même chose, un vice quel qu'il soit n'est que l'un des modes de l'orgueil, l'une des mille facettes que l'orgueil peut nous présenter. La cupidité, avons nous dit, accumule les richesses matérielles et marche avec l'odieux cortège de l'insensibilité et de la cruauté. Quand il s'agit des richesses de l'esprit, l'orgueil se montre à nous sous les formes, moins affligeantes, mais fort ridicules, ou de la sottise ou de la fatuité ou de l'impertinence.

« Le SOT, dit La Bruyère, qui devrait se borner à n'être
« rien, veut être quelque chose; au lieu d'écouter, il veut
« parler, et pour lors il ne fait et ne dit que des bêtises.
« Un FAT parle beaucoup et d'un certain ton qui lui est
« particulier; il ne sait rien de ce qu'il importe de savoir
« dans la vie; il s'écoute et s'admire, il ajoute à la sottise
« la vanité et le dédain. L'IMPERTINENT est un *fat* qui
« parle en même-temps contre la politesse et la bienséance.
« Ses propos sont sans égards, sans considération; sans
« respect; il confond l'honnête liberté avec une familiarité
« excessive; il parle et agit avec une hardiesse insolente;
« c'est un *fat* outré. »

Il faut aimer la propreté; car la propreté est l'un des premiers soins que nous nous devons à nous-mêmes. Si vous n'avez pas la faculté de porter des vêtements riches ou élégants, la plus simple et la plus utile des parures est certainement toujours à votre disposition. Quel que soit donc votre rang dans le monde, ne dédaignez pas les avantages qu'elle procure. Que la propreté relève l'éclat de votre mise, si vous êtes opulent; qu'elle ennoblisse vos haillons, si vous êtes pauvre. Toutefois, il en est de cette qualité, toute précieuse qu'elle est, comme de toutes les autres qualités; elle dégénère en vice ou en ridicule, si la raison n'en dirige convenablement l'exercice. Mille devoirs peuvent nous commander de vaincre nos répugnances, de souiller nos mains et nos habits, et en présence de ces nécessités dégoûtantes, il y aurait de la lâcheté, il y aurait de la cruauté à reculer. Abandonnerez-vous donc un malade, parce que vos sens sont trop délicats? Oh! luttez, luttez alors contre la faiblesse de votre organisation. Ce n'est pas seulement sur les champs de bataille que le courage doit se montrer. Nous appartenons tous, ne l'oublions pas, à la sainte milice de Dieu; et Dieu, notre chef, notre guide, a seul le droit de nous marquer le terrain où il nous faut combattre.

1. Que la cupidité ne pénètre jamais dans notre coeur. Qui veut avoir au delà du nécessaire, cherche, sans qu'il s'en doute peut-être, à dépouiller son prochain.

2. N'affectons jamais d'être plus spirituels, plus savants que les autres, nous nous exposerions à tomber dans les ridicules de la sottise, de la fatuité, ou de l'impertinence.

3. La propreté annonce qu'on a le sentiment de sa propre dignité et celui du respect que l'on doit aux autres. Aimons donc la propreté.

4. Il ne faut jamais que le soin de la propreté nous empêche de remplir les devoirs les plus dégoûtants, lorsque de graves circonstances ou notre profession nous les imposent. Il est d'ailleurs facile de concilier ce soin avec ses devoirs.

Substantifs qui ne sont employés qu'au singulier dans le sens propre et qui sont employés au pluriel dans le sens figuré.

UNE MÈRE ET SON FILS.

Le Fils. Oh! ma mère, je ne puis pas boire ce café. J'y trouve une *amertume* détestable. On dirait de l'absinthe ou de l'aloës.

La Mère. Résigne-toi, c'est un remède qu'il faut que tu prennes. Si j'y mettais du sucre, il ne produirait pas son effet. Il faudra bien que tu t'accoutumes à supporter les *amertumes* de la vie. Dieu nous détache des trompeuses douceurs du monde par les salutaires *amertumes* qu'il y mêle.

Le Fils. Vous voilà bien toujours! Quand je me plains d'un mal vous me parlez d'un pire. Si je veux me garantir de l'*ardeur* du soleil, vous me forcez à rester, parce qu'il faut, à ce que vous prétendez, que j'apprenne à résister aux grandes *ardeurs* de la canicule. Vous m'avez même dit un jour que je pourrais avoir à subir les *ardeurs* du soleil sous l'équateur.

La Mère. Cette lâcheté m'afflige. Tu tomberas dans cette *bassesse* de l'âme qui conduit à une dégradation complète.

Le Fils. Non, non, ma mère, ne craignez rien. Vous n'aurez jamais à rougir de moi; vous ne me verrez jamais faire des *bassesses*.

La Mère. C'est bien, tu es sensible à la *beauté* de la vertu. C'est la seule *beauté* qui mérite de nous plaire. Sans la vertu tout le reste n'est rien; les *beautés* d'un tableau; les *beautés* de Virgile ou d'Horace; les *beautés* ou les charmes d'une personne, toutes les *beautés* du monde enfin, fascinent un moment les yeux ou l'esprit, mais elles ne remplissent jamais le cœur.

Le Fils. J'admire votre *bonté*, ô ma mère; vous me nourrissez, vous versez dans mon âme, tous les trésors qui sont dans la vôtre. Tous les jours, à chaque instant du jour, vous me comblez de mille *bontés*.

La Mère. Je suis heureuse des sentiments que tu me témoignes. Mais d'autres ont des droits à ton attention. Tu dois soigneusement régler ta conduite par rapport aux personnes, à l'âge, au sexe, aux usages reçus, aux mœurs publiques, et tous ces devoirs, qui ont une véritable importance, sont fixés par la *bienséance*. Oui, les *bienséances* sont des obligations dont il n'est point permis de s'affranchir ; rappelle-toi surtout que les devoirs du christianisme entrent dans les *bienséances* du monde poli.

Le Fils. Quel *bonheur* pour moi de vous appartenir ! De combien de *bonheurs*, grâces à vos tendres soins, ma vie est entourée !

La Mère. Le *chagrin* me tuait ! Mais aujourd'hui j'oublie tous mes *chagrins*.

Le Fils. Vous n'en aurez plus. Il me semble que je suis destiné à vous consoler, à vous récompenser de vos vertus et surtout de votre inépuisable *charité*. Hé ! qui donc vous paierait du bien que vous faites aux autres ! Vous êtes le soutien des malheureux, ô ma mère ! Vous leur prodiguez tant et de si grandes *charités*.

La Mère. Puisse mon exemple te donner la *connaissance* de ce premier de nos devoirs et la volonté de le remplir ! Puissent surtout les *connaissances* que tu acquerras et de dangereux amis, de funestes *connaissances*, ne jamais t'éloigner de la ligne que je t'ai tracée.

Le Fils. Je suis trop jaloux de votre *considération* et de la mienne, pour que je tombe jamais dans les égarements que vous paraissez redouter : quels que soient les intérêts qui me sollicitent, je passerai par dessus toutes les fausses *considérations* du monde, je resterai fidèle aux saintes maximes qui vous ont dirigée.

La Mère. Il faut plus de *courage* que tu ne penses. Il y a tant d'épreuves dans la vie !

Le Fils. Mais ne m'avez-vous pas dit que les grands *courages* ne se laissent jamais abattre. N'êtes-vous plus ma mère ? Ne suis-je plus votre fils ?

La Mère. Tu l'es toujours. La *contrainte* est si gênante cependant ; on finit quelquefois par s'en lasser, par vouloir s'en délivrer.

Le Fils. Ne le craignez pas. Je m'habituerai tellement à l'observation des devoirs que je n'y pourrai trouver les *contraintes* contre lesquelles d'autres ont le malheur de s'irriter.

La Mère. Je le désire et je l'espère. Mais la *curiosité*, cette passion si naturelle de voir, d'apprendre, de posséder, t'entraînera presque malgré toi.

Le Fils. Hé ! que m'importent à moi toutes les *curiosités* de la terre. Votre bonheur n'est-il pas l'objet constant de ma pensée, l'unique but de mes efforts ?

La Mère. Aimable enfant, tes paroles ont toute la *douceur* du miel. Oh ! c'en est fait ; qu'on ne me vante plus les *douceurs* du monde. Je trouve en toi toutes les *douceurs* de la vie. Je bénis, oui, je bénis ton *enfance*.

Le Fils. Ne me traitez donc plus comme un enfant ; me voyez-vous faire encore des *enfances* ?

La Mère. Soit, mais ce ton m'est permis ; car,

sans parler de mes droits comme mère, l'*expérience* me place bien au dessus de toi, me donne un avantage qui, pour la conduite, vaut beaucoup mieux, crois m'en, que toutes vos *expériences* de mathématiques ou de physique.

Le Fils. Mais vous avez de l'*esprit*, ma mère, et plus qu'aucun des meilleurs *esprits* de France. D'honneur, je vous crois en communication avec les *esprits* célestes.

La Mère. Je voudrais bien qu'il en fût ainsi : j'aurais plus de chances pour arriver à cette *félicité* pour laquelle nous avons été créés. Hélas ! les *félicités* du monde sont si peu durables !

Le Fils. Vous ne rêvez plus que la *gloire* éternelle. Vous êtes impatiente de voir rayonner autour de votre front l'une de ces *gloires* qui brillent autour de la tête des saints.

La Mère. Tu en plaisantes aujourd'hui ; mais quand le *goût* des choses saintes te sera venu ; tes *goûts* frivoles changeront.

Le Fils. Ne dirait-on pas que j'ai pour les choses de la religion une *haine* déclarée?

La Mère. Ne prononce donc pas ce mot. Il devrait t'être inconnu comme le sentiment qu'il exprime.

Le Fils. Grâces à Dieu, ce détestable sentiment n'a jamais pénétré dans mon cœur. Mais ne vois-je pas éclater tous les jours des *haines* irréconciliables ?

La Mère. Quel vice affreux ! C'est un serpent dont l'*haleine* empestée flétrit et dessèche tout.

Le Fils. Si vous voulez des métaphores, j'ajouterai que les haines violentes ne sont pas toujours d'obscurs reptiles. Vents terribles, leurs impétueuses *haleines* renversent quelquefois les villes et les États.

La Mère. A ce châtiment qui frappe la passion au moment qu'elle cherche à se satisfaire, on peut reconnaître que ce n'est pas le *hasard* qui dirige le monde. Qu'on y prenne garde, et l'on verra partout la main de Dieu, et dans les *hasards* du jeu, et dans les *hasards* de la guerre.

Le Fils. Je n'en ai jamais douté.

La Mère. Cette croyance là, mon cher enfant, est la plus sûre sauvegarde de *l'honneur* et de la vertu. Ne l'oublie pas si un jour tu arrivais aux *honneurs*.

Le Fils. Y a-t-il donc des gens capables d'une telle *indécence*, assez dépourvus de raison pour croire qu'il y ait une œuvre sans ouvrier, une ordre sans ordonnateur.

La Mère. Plains-les, mais ne les imite pas. Les passions, les mauvaises lectures jettent tant de trouble dans les esprits ! Les ouvrages les plus courus sont remplis souvent de tant d'*indécences* et de blasphêmes.

Le Fils. Quelle *indignité!*

La Mère. Je n'en finirais pas, si je voulais te

retracer toutes les *indignités* du monde. Les uns se perdent par *indiscrétion* et ils tombent à chaque instant dans les *indiscrétions* les plus grandes. Les autres pêchent par *ignorance*, et ils commettent sans cesse les *ignorances* les plus grossières ; et, une fois dans l'*ignominie*, on subit toutes les *ignominies* que Dieu a réservées au vice. L'*injustice* entre dans le cœur, et on se rend coupable de mille *injustices*. L'*impudence*, ce honteux orgueil du crime, affermit le méchant dans la voie où il est entré, et il s'abandonne à toutes sortes d'*impudences*. Faut-il s'étonner alors qu'un homme qui affecte ainsi un souverain *mépris* pour tout ce que les autres respectent, devienne lui-même l'objet de tous les *mépris*, de tous les anathêmes des honnêtes gens ! Et, toutefois, il les brave ; il fait plus, il se donne les honneurs du *martyre*. Oh ! si la tolérance n'était pas poussée au delà de ses limites, il chercherait bientôt le moyen de se mettre à couvert des *martyres*. Telle est, mon ami, la *misère* du siècle.

Le Fils. Allons, ne vous préoccupez pas ainsi des *misères* de notre temps.

La Mère. Oh! vois-tu, j'aimerais mieux te voir dans la *pauvreté* !

Le Fils. Vous avez raison. Mais vous savez bien que je regarde comme des *pauvretés* tout ce que les méchants peuvent me dire.

La Mère. Pardonne à une mère cette sollicitude;

il me semble toujours te voir sur le *penchant* de ta ruine. Tous tant que nous sommes, hélas! nous naissons avec de si malheureux *penchants!* En vain la *reconnaissance* et le besoin nous invitent à nous attacher à Dieu. Cette terre, où nous marchons, est une terre ennemie, il nous y faudrait faire tous les jours cent *reconnaissances* nouvelles.

Le Fils. C'est bien vrai, ma mère; mais tenez-vous en *repos*. Vous savez que dans un sermon il faut deux ou trois *repos*. Je ne vous en demande qu'un. Puisque vous vous inquiétez de mon avenir, il m'est bien permis à moi de m'occuper de votre *santé*. Il ne me reste plus rien de mon indisposition. Nous allons passer à table et nous porterons nos *santés*.

La Mère. *Silence!* mon enfant. Je ne veux pas que tu m'interrompes, que tu prennes à mon égard l'attitude et les airs d'un maître de musique, que tu m'imposes des *silences*, là où il ne me plaît pas d'en placer.

Le Fils. Vous ne pouvez pas me supposer cette intention. Ma *tendresse* pour vous est trop vraie et trop vive pour que je n'écoute pas avec plaisir tout ce que vous aurez la bonté de me dire.

La Mère. Je t'en récompenserai par mille *tendresses*. J'ai bonne *vue*, Dieu merci! et je pénètre et j'apprécie toutes tes *vues*. Mais à propos des fausses joies de la terre, je ne saurais trop te le dire, *vanité* des *vanités*, tout n'est que vanité!

Substantifs composés.

LES DEUX VIEILLARDS.

Colas. Vous avez dans votre jardin des *choux-fleurs*, des *choux-raves*, des *choux-navets*, des *reines-claudes*; c'est fort bien, mon brave Lubin. Mais il est fâcheux que les *taupes-grillons* abîment vos salades. Ne feriez-vous pas bien de remplacer ces *épines-vinettes* par un mur solide?

Lubin. Vous parlez d'or, Monsieur Colas. Mais il est plus facile de donner des conseils que de bien faire soi-même, ou ce qui est à peu près la même chose : la critique est aisée et l'art est difficile. Mais qu'avez-vous donc, vous chancelez. Est-ce que vous seriez sujet aux *gouttes-crampes*.

Colas. Non, je marche avec appréhension; j'ai dans mes poches des fioles de toutes sortes, des *gommes-guttes*, des *gommes-résines*, et la crainte de tomber est cause que mon pied est moins assuré. Et puis vous ne savez pas tout, je suis encore sous le souvenir des impressions que j'ai reçues. On m'a fait de véritables *guets-à-pens*. Des *loups-garous*, des hommes déguisés m'ont poursuivi pendant une heure.

Lubin Oh! oh!

Colas. Demandez plutôt à ma fille; elle était avec moi, la pauvre enfant. La loi devrait bien empêcher ces horreurs là.

Lubin. Bah! toutes les lois et tous les *senatus-consultes* du monde n'empêcheront jamais les coquins d'être des coquins. Et, dites donc, c'est depuis cette affaire que vous êtes devenus tous les deux *brèche-dents*.

Colas. Et bien heureux d'en avoir été quittes à si bon marché ; tant y a cependant que mes jambes refusent le service.

Lubin. Hé bien ! jusqu'à ce que ça revienne, servez-vous de votre cheval.

Colas. C'est très facile à dire. La pauvre bête a un *nerf-férures*.

Lubin. Vous jouez de guignon, mon vieux Colas. Mais après ça, c'est votre faute. Comment ! vous qui étiez cité comme l'un des plus braves *quartier-maîtres*, vous avez de ces visions là ! Et votre fille a les mêmes faiblesses ! Allons, allons, si cela continue, il faudra vous envoyer dans les *hôtels-Dieu*. Et que penseraient de vous les *vice-amiraux* dont vous me parlez toujours et qui jadis estimaient si fort votre énergie. Vous avez l'esprit malade, mon vieux, et il faut vous distraire ; faites des *colin-maillard*, des *trou-madame*, amusez-vous.

Colas. Et vous croyez que j'ai eu des visions! Mais dam! je les ai vus, ce qui s'appelle vus vous dis-je, comme je vous vois, comme je vois ces *chèvre-feuille*, ces *chèvre-pieds*, ces *tripes-madame*, ces *terre-noix*.

Lubin. Calmez-vous, mon Colas. Je n'ai pas

l'envie de vous fâcher. J'admire seulement votre faconde de jardinier et d'agriculteur.

Colas. Oh! bien, oui. Comme s'il n'y avait que vous qui fussiez capable de vous en mêler. Est-ce que je ne vois pas que vous avez ici des *barbes-de-bouc*, des *barbes-de-chévre*, des *barbes-de-Jupiter*, des *barbes-de-moine*, des *barbes-de-renard*; là des *épis-d'eau*, des *pieds-d'alouette*, des *pains-de-coucou*; des *pains-de-pourceau*, des *sangs-de-dragon*.

Lubin. Peste! en fait d'énumération, voilà bien le plus beau des *chefs-d'œuvre* qu'on ait vus. Il faut faire imprimer cela avec vignettes et beaux *culs-de-lampe*.

Colas. Baste! Je m'en vais; vous avez l'esprit trop malin et vous vous moquez de moi.

Lubin. Point du tout, mon Colas, et pour preuve, je vais vous accompagner et vous conduire chez moi. Mais où sont nos *becs-de-corbin*! Car tel que vous me voyez, je souffre bien autrement que vous.

Colas. On ne s'en douterait pas, vous avez un air !...

Lubin. L'air n'y fait rien, mon pauvre Colas, j'ai aux jambes deux plaies qui me chiffonnent furieusement.

Colas. Comment! est-ce qu'il faudrait employer d'autres *becs-de-corbin* que ceux qui nous servent d'appui, des *becs-de-grue*, peut-être? Et d'où cela vous est-il venu?

Lubin. J'etais à examiner des *becs-d'âne*, car je fais de la menuiserie, et j'en ai laissé tomber deux qui m'ont blessé.

Colas. Et à quel endroit?

Lubin. Aux deux *cous-de-pied*.

Colas. Ne m'en parlez plus. Ça me fait chair de poule. Si bien donc que nous voilà sérieusement menacés de devenir de vrais *culs-de-jatte*.

Lubin. Et de quelque chose de pis, mon vieux.

Colas. Et de quoi?

Lubin. Vous savez ce que c'est que des *culs-de-sac*.

Colas. Et puis.

Lubin. Et puis, et puis! Ça se devine pourtant, le grand cul-de-sac de la vie, c'est la mort.

Colas. La laide faiseuse de *crocs-en-jambes* que voilà. Oh! bien, dam! il faut nous tenir pour avertis. Renonçons tout de bon aux liqueurs, aux *eaux-de-vie*; faisons-nous faire de bons *pots-au-feu*, et ne nous permettons que les tranquilles *tête-à-tête* de l'amitié et les innocents *coq-à-l'âne*.

Lubin. Je vous prends au mot. Je vous retiens à diner; cela vous va-t-il?

Colas. Parfaitement.

Lubin. Au lieu d'un tête-à-tête, je vous en offre vingt. Vous allez trouver chez moi une nombreuse mais charmante et pacifique réunion.

Colas. Oh! dans ce cas ma tenue n'est pas décente.

Lubin. Admirable, mon vieux ! C'est ma famille, tout y est. Les *beaux-pères*, les *belles-mères*, les *belles-filles*, les *belles-sœurs*. Tous bonnes gens, s'il en fût.

Colas. A qui le dites-vous ? Je les connais, j'espère.

Lubin. Des cœurs d'or ! On n'a à craindre avec eux ni les *faux-semblants*, ni les *faux-fuyants*.

Colas. Francs comme des marins, quoi ?

Lubin. Ce ne sont pas des *chiches-faces*, non ; de ces *petits-maîtres* étriqués qui sont obligés de tâter de tous les *petits-laits*.

Colas. Ils font plaisir à voir. Ça vous est rouge comme des cerises, fort comme des taureaux.

Lubin. C'est qu'ils ne s'oublient pas les gaillards. Vous avez vu dans les *basses-cours* de ces dogues, gros et luisants, qui vous avaleraient une main sans la mâcher.

Colas. Hé bien !

Lubin. C'est juste comme ça, ils boivent plutôt qu'ils ne les mangent, les *bons-chrétiens*, les *bons-henris*, les *francs-réals*, les *rouges-gorges*, voire même, les *gras-doubles*. Seulement Jean et Lucas sont quelquefois insupportables, on ne saurait par où les prendre, on croirait voir des *porcs-épics*.

Colas. C'est la jeunesse ; le temps les corrigera.

Lubin. Faut l'espérer ! Tant y a cependant que

l'appétit ne leur manque pas. Et c'est surtout aux *carême-prenant* qu'ils font des merveilles.

Colas. C'est tout le monde, ma foi, on dirait qu'à ces époques là, il y a quelque chose qui double les forces de l'estomac.

Lubin. C'est juste et je fais bien un peu comme eux, mais aux *mi-carême*, ils ne sont plus les mêmes; le maigre ne leur convient pas.

Colas. Ni à beaucoup d'autres. Mais dam! c'est la loi de l'Église, il faut bien en passer par là.

Lubin. D'autant que ça ne tue pas, et ce régime ne les empêche pas d'aller, par exemple, aux *terre-pleins*, et d'y faire mettre les pouces aux autres.

Colas. Oh! ils sont bien trempés, les drôles.

Lubin. Ils tiennent de leurs *grand'-tantes*, de leurs *grand'-mères*. A l'âge où elles sont, est-ce qu'elles ne se jettent pas à *mi-jambes*, à *mi-corps* dans la rivière. Est-ce qu'elles ne gravissent pas à *mi-côte* la montagne voisine !

Colas. Et voilà qui doit vous donner du cœur! Vous êtes fait du même bois.

Lubin. Oh! pour moi c'est fini, je m'en vais. Je suis déjà *courte-haleine*, et il me faudra donner ma démission de *prud'homme*. Je perds la vue, mon Colas; j'ai bientôt le droit de demander une place aux *quinze-vingt*.

Colas. Et vous croyez que le temps me ménage

plus que vous. Les infirmités sont les seuls *revenants-bon* de la vieillesse.

LUBIN. Mais c'est que je ne vois plus quatre pas devant moi; je ne distingue plus les fleurs à fleurons des fleurs à *demi-fleurons*. J'écrase les clapots, les *mille-pieds*, les...

COLAS. Grand malheur vraiment, les pauvres petites bêtes ! Mais au lieu de vous lamenter, que ne consultez-vous quelque docteur?

LUBIN. Au diable les docteurs! A les en croire ils allaient me rajeunir, me rendre aussi frais, aussi fort que les *demi-dieux*. Mais, zeste ! me voilà comme devant: tous les *mi-août* je suis abimé. Ils m'avaient recommandé les *douce-amère*, les *mille-fleurs*, les *toutes-bonnes*, les *toutes-saines*, et rien n'y a fait. Je romps avec la médecine et je me jette sur les *toute-épice*, sur les....

COLAS. Halte-là ! Monsieur Lubin, ne vous revoltez pas contre la faculté. Je suis moi pour les *mezzo-termine*.

LUBIN. Vous en parlez à votre aise, mon Colas, ils n'ont pas fait de vous un *souffre-douleur*. Ils ne vous ont pas donné tous les *crève-cœurs* possibles. Je l'ai dit et je le répète: ils ne sont que des *grippe-sou* et des *coupe-jarret*. Pour partir pour l'autre monde nous n'avons pas besoin de leur *passe-port*.

COLAS. Tant que vous voudrez, mais encore est-il bon que l'on suive un régime.

Lubin. Pas davantage, les cuisiniers et les cuisinières ne sont que des *fripe-sauce*. Et je vivrai comme ma bonne vieille tête me le dira. Après tout, je ne m'en inquiète guère; il faut bien, par guenne, que tout ait une fin. Nous avons été des *boute-en-train*, des *boute-feu*. Nous allions, la nuit, et sans *couvre-chef*, dans les *casse-cou*, dans les *coupe-gorge*; nous nous moquions des rhumes et des catarrhes, et aujourd'hui, en plein midi, il nous faut garder et nos *serre-tête* et nos chapeaux. Mais, grâces à Dieu, nous voici arrivés, entrons, allons oublier nos misères avec le confortable qui nous est préparé.

Substantifs composés.

Scène Domestique.

MONSIEUR SIMON ET BAPTISTE.

M. S. Allons, Baptiste, vous n'avez soin de rien. Rangez-moi ces *casse-mottes*, ces *casse-noix*, ces *casse-noisettes*. Il faut que chaque chose soit à sa place. Relevez donc ce *couvre-pieds*. Que font là ce *pèse-liqueurs*, ce *porte-mouchettes*, ce *serre-papiers*, ce *tire-balles*, ce *tire-bouchons*, ce *vide-bouteilles*! Sus, dépêchez-vous.

B. Mais, Monsieur, vous me donnez mille ordres à la fois, et je n'ai pas le temps d'en exécuter un.

M. S. Tu es un raisonneur. Fais et ne réponds pas. Vite mon *lave-mains*.

B. Le voici.

M. S. Mon *essuye-mains*.

B. Le voilà.

M. S. Ah! ça, je voudrais bien savoir comment tu passes tes *après-dinées*, tes *après-soupées*. Que vas-tu faire dans les allées, dans les *contre-allées?*

B. Mais, mon bon Monsieur, il faut bien que j'y passe pour me rendre où je dois.

M. S. Tout ce que tu dis là s'appelle des *contre-vérités*. Tu ments. Ces allées et ces venues ne me plaisent pas. Les sottises que tu fais sont les *avant-coureurs* d'évènements déplorables peut-être. Tu n'as fait jusqu'à présent que des *quasi-délits*, mais si tu continues de courir les *contre-danses*, tu es un homme perdu. Vois-tu, aujourd'hui, on se permet ceci ; demain, on se permet cela ; *après-demain*, on se permet autre chose, et l'on ne sait plus où l'on s'arrêtera.

B. Mais vous me faites peur, Monsieur Simon.

M. S. Je te fais peur, je te fais peur! Je veux t'empêcher de tomber dans le *mal-être*. Tu resteras donc ici tous les *après-midi* ; le soin de ton *bien-être* m'impose le devoir de l'exiger. Il vaut mieux ne pas s'empoisonner que d'être obligé de recourir aux *contre-poison*.

B. Mais là, Monsieur Simon, vous ne me croyez pas aussi gâté que vous le dites.

M. S. Si je croyais que tu ne vaux plus rien, je te mettrais à la porte. Tu ne sais peut-être pas qu'un soir, pendant un *entr'-actes*, je revins et ne te trouvai pas. Suffit donc, tu garderas le logis.

B. Mais !...

M. S. Suffit, te dis-je. Prépare le déjeuner. Quel morceau as-tu choisi ?

B. Un *entre-côtes*.

M. S. C'est bien ; surveille et dirige tes *sous-ordres*. Que sans ta permission ils ne touchent pas aux *garde-manger*.

B. Mais, Monsieur Simon, vous m'accorderez bien un peu de liberté.....

M. S. C'est fini, j'aurai toujours les yeux sur toi, même dans la maison. Une fois j'ai entendu des *cric-crac*, qui annonçaient une lutte ou des dégats. Une autre fois tu parlais de magnifiques *sans-prendre*, de délicieux *pique-nique*, ce qui prouve que tu es joueur et gourmand. Rien ne t'a corrigé jusqu'ici. Les vilains *tire-laisse*, dont tu t'es plaint, n'ont pas été une leçon pour toi. Si je ne m'en mêle, tu n'auras jamais ni *savoir-faire*, ni *savoir-vivre*. Le *Tu-autem*, l'essentiel de l'affaire, est donc que tu ne sortes plus ; tu ne sortiras plus (1).

---

(1) *Voir, à la fin, la liste des noms composés.*

LA BONNE ÉCOLE.

SECONDE PARTIE.

GENRES.

I. Un substantif est du *genre masculin*, s'il désigne un animal mâle ; il est du *genre féminin*, s'il désigne un animal femelle.

II. Il est cependant des substantifs qui, sous un seul genre, et sans changer de forme, sont propres à désigner les deux individus, de sorte que, si l'on veut en faire connaître le sexe, il faut, selon le cas, ajouter à ces substantifs le mot *mâle* ou le mot *femelle*.

III. Quant aux substantifs qui désignent des objets inanimés ou des objets imaginaires, et qui n'ont conséquemment aucun sexe, ils sont, selon le sens, ou selon la forme, du genre masculin ou du genre féminin. Cette troisième classe de substantifs fait l'objet de plusieurs règles qui seront exposées avec détail à la suite de ce morceau.

1. L'*homme* est le roi de la nature ; mais il est sujet à tous les maux qui sont la suite et la peine du péché. La *femme* partage sa destinée. Voyez cependant de quels tendres soins la Providence nous a entourés, malgré la désobéissance de nos premiers parents. C'est pour nous que tous les animaux semblent avoir été créés. L'*âne*, patient et lourd, porte nos fardeaux ; l'*ânesse* nous rend les mêmes services, et nous donne de plus un lait précieux. Le *cheval* et la *jument*, le *mulet* et la *mule*, le *taureau* et la *vache*, doués d'une force prodigieuse, et dociles à notre voix, nous rendent faciles les travaux qui nous nourrissent, et que, sans leurs secours, nous n'aurions jamais exécutés. Dans les pâturages, le *bélier* s'associe à notre vigilance et nous aide à conduire le troupeau. La *brebis* nous prodigue sa toison et le doux nectar qui remplit ses mamelles. Le *coq*, si fier de son plumage, règne dans la basse-cour; et la *poule* y pond ses œufs et y élève ses poussins. Que dirai-je du *chien* et de la *chienne*, du *chat* et de la *chatte*, du *bouc* et de la *chèvre* ; du *porc* et de la *truie*, du *lapin* et de la *lapine*, du *jars* et de l'*oie*, du *canard* et de la *cane*, du *pigeon* et de la *colombe* ? tout le monde connaît leurs formes, leurs mœurs, leurs habitudes et les avantages qu'ils nous procurent.

Ceux mêmes qui ne vivent pas avec nous sous le même toit, ont été créés, par rapport à nous, dans un but dont il nous est facile de nous rendre compte. Les uns nous offrent une nourriture agréable et une dépouille que les arts et l'industrie savent mettre en œuvre ; le *cerf* et la *biche* ; le *daim* et la *daine* ; le *chevreuil* et la *chevrette* ou *chevrelle* ; le *lièvre* et la *hase* ; les autres, en s'abandonnant à un instinct terrible, sans doute, mais que la Providence nous a mis en état de combattre et de vaincre, nous empêchent de nous laisser aller à cette paresse, à cet engourdissement du corps et de l'esprit qui est le pire de tous les maux, et nous forcent à faire usage de nos merveilleuses ressources. Le *sanglier* et la *laie*, le *loup* et la *louve*, le *lion* et la *lionne*, le *tigre* et la *tigresse*.

II. Qu'eût été le monde sans cette prodigieuse variété d'habitants que la main féconde du créateur y a jetés ? Ne sait-on pas que rien ne trouble l'âme comme la solitude et le silence ? Avez-vous donc perdu le souvenir des émotions que vous avez dû éprouver, lorsque, par une belle matinée d'été, vous entendiez les concerts de la *fauvette*, de l'*alouette* et du *rossignol* ?

De douces larmes n'ont-elles pas coulé de vos yeux en voyant le *rossignol femelle*, immobile sur ses tendres œufs, s'oublier complètement lui-même, tandis que, sur le rameau voisin, le *rossignol mâle*, pour charmer sa compagne et adoucir les longues peines de la maternité, faisait retentir les airs des sons les plus mélodieux ?

III. Substantifs masculins d'après le sens.

1. *Borée, ange, génie,* esprit bon ou malin,
   Que l'on suppose mâle est toujours masculin.
2. L'usage ne veut pas, il en ferait un crime,
   Qu'on mette au féminin *stère, gramme, centime*;
   Le masculin préside au *calcul décimal*.
5. Il prend les *jours,* (4) les *mois,* (5) s'empare du *métal*,
6. Pénètre sans pitié les *corps élémentaires*.
7. Et range sous sa loi les *composés binaires*.
8. Habile à faire siens les *produits les plus beaux,*
9. Il n'a répudié que quelques *arbrisseaux*.
10. Il a le *tiers,* le *quart*; (11) mais, en mauvaise veine,
    Il perdit un matin et *dizaine* et *douzaine*.
12. Il peut s'en consoler; car, le madré matois,
    Vous débite, à son gré, le *basque*, l'*iroquois*.
13. Tour-à-tour, *jaune* ou *gris,* il fait le croc-en-jambe,
    Et vous parle de froid au momeut qu'il vous flambe.
14. Ça, donnez *pot-à-l'eau*, donnez *garde-manger*.
15. L'ogre n'a qu'un souci, le *boire*, le *manger*.
16. Vos *car*, vos *si*, vos *mais* sont choses qu'il emballe,
17. Et les *qu'en dira-t-on*, viennent grossir sa balle.

Substantifs masculins d'après la forme.

18. Le mons*tre* vous effraie, ainsi chargé de ni*tre*
    Convoitant dix-neuf mots à travers une vi*tre*.
19. Dans son large ori*fice* il jette, il engloutit
    Jusqu'au v*ice* lui-même et son vaste appétit
    N'a laissé de côté, c'est trop grande mal*ice*,
    Que treize pauvres mots qu'il prend pour immond*ice*.
20. Las! le *crime* est son lot; pour vivre loin de lui,
    Ensemble, l'ar*me* au bras, quarante mots ont fui.

21. Pour se réconforter, il marche au presby*tère* ;
Car, un curé toujours a soin d'un pauvre hère.
22. Le re*ste*, ou peut s'en faut, lui sera toujours hoc.
23. L'u*sage* pour ses droits est ferme comme un roc.
24. Son terri*toire* est grand. (25) Un imposant con*cile*
Pour lui rend un décret écrit d'un très bon style.
26. Puis, le mira*cle* arrive. (27) Enfin, grand orateur,
Dans la plupart des mots l'*e* muet lui fait peur.

Substantifs féminins d'après le sens.

28. Le mâle est le plus fort et sa part est plus belle.
Mais on fait féminin tout ce qu'on crut *femelle*:
Les *déesses* pour rire, enfants perdus de l'art.
29. Que *Pâques* nous arrive, ou plus tôt, ou plus tard,
Nous vous l'abandonnons avec cent autres fêtes,
Mesdames ;

Substantifs féminins d'après la forme.

(30) après tout, que valent nos conquêtes?
Vous avez la dou*ceur* ; (31) vous avez la bon*té* ;
32. La rai*son* vous conduit et l'homme est tourmenté.
33. Des conversa*tions* lorsque vous êtes l'âme,
34. On fait de l'*e* muet l'emblème de la femme !

Substantifs masculins d'après le sens.

1. Borée, ange, génie, esprit bon ou malin
Que l'on suppose mâle est toujours masculin (1).

C'est-à-dire que les substantifs désignant des objets personnifiés, et qu'on a coûtume de se figurer comme mâles sont, masculins.

(1) Tous ces morceaux sont l'application des règles formulées dans les vers techniques précédents.

Le Paganisme est la religion et la discipline des païens, l'adoration qu'ils accordaient aux idoles et aux faux dieux, à *Saturne*, à *Jupiter*, à *Mars*, à *Neptune*, à *Pluton*, à *Mercure*, à *Apollon*, à *Bacchus*, à *Vulcain*, qu'ils appelaient les dieux du premier ordre ; car ils plaçaient au second rang, *Priape*, *Comus*, *Momus*, *Morphée*, *Harpocrate*, *Pan*, *Plutus*, *les Satyres*, *Faune*, *Sylvain*, *Esculape*, *Eole*, *Zéphyre*, *Neptune*, *Silène*, *Nerée*. Les *Pénates* ou *Lares*, *Terme*, *Génie*. Les personnages et les héros les plus célèbres de la Fable sont : *Persée*, *Hercule*, *Thésée*, *Castor et Pollux*, *Jason*, *Bellérophon*, *Orphée*, *Cadmus*, *OEdipe*, *Etéocle et Polynice*, *Oreste et Pilade*, *Ulysse*, *Enée*, *Achille*, *Pyrame*, *Philémon*, *Pygmalion*, *Adonis*, *Amphion*, *Arion*, *Prométhée*, *Phaéton*, *Tantale*, *Ixion*, *Sisyphe*, *Deucalion*, *Dédale*, *Pyrrhus*, *Patrocle*, *Agamemnon*. *Ajax*, *Nestor*, *Philoctète*, *Thersite*, *Stentor*, *Priam*, *Hector*, *Paris*, *Anchise*.

> 2. L'usage ne veut pas, il en ferait un crime,
> Qu'on mette au féminin STÈRE, GRAMME, CENTIME ;

On veut parler de la nomenclature du système métrique qui appartient tout entière au genre masculin.

Le mot *mètre* signifie mesure ; il désigne une longueur d'à peu près dix fois la largeur de la main d'un homme fait. Le *mètre* se divise en dix décimètres.

Le *décimètre* se divise en dix *centimètres*, et le *centimètre* en dix *millimètres*. Le mot *déci* signifie *dixième*; le *décimètre* est donc le *dixième* du *mètre*; le mot *centi* signifie *centième*; le *centimètre* est donc le *centième* du *mètre*; le mot *milli* signifie *millième*; le *millimètre* est donc le *millième* du *mètre*.

Puisque *deca* veux dire dix; *hecto*, cent; *kilo*, mille; *myria*, dix mille, il est évident qu'un *décamètre* contient dix mètres; un *hectomètre*, cent mètres; un *kilomètre*, mille mètres; un *myriamètre*, dix mille mètres.

Si on trace sur le terrain un carré dont chaque côté soit un décamètre, la surface de ce carré sera ce qu'on appelle un *are*.

Un *déciare* est donc un *dixième* d'are; un *centiare* un *centième* d'are; un *milliare*, un *millième* d'are. Donc aussi, un *décare* est *dix ares*; un *hectare*, cent ares; un *kiliare*, mille ares; un *myriare*, dix mille ares.

Si l'on fait une boîte dont chaque face, il y en aura six, soit un carré d'un décimètre de côté, on aura un cube qu'on appelle *litre*. D'après ce qui précède, on expliquera aisément ce qu'on doit entendre par un *décilitre*, un *centilitre*, un *millilitre*, et par un *décalitre*, un *hectolitre*, un *kilolitre*, un *myrialitre*.

Si chacune des faces de la boîte dont nous venons de parler, avait, au lieu d'un décimètre de côté, un mètre de côté, le cube s'appellerait

3*

stère; cette seule indication suffit pour faire comprendre ces autres mots *décistère, centistère, millistère* et *décastère, hectostère, kilostère, myriastère*.

Si vous prenez une boîte dont chacune des faces soit un carré d'un centimètre de côté, et que vous l'emplissiez d'eau, l'eau contenue dans cette petite boîte, pèsera un *gramme*. On sait donc ce que c'est qu'un *décigramme*, un *centigramme*, un *milligramme* et un *décagramme*, un *hectogramme*, un *kylogramme*, un *myriagramme*.

Le *franc* est une pièce de monnaie d'argent. Le *décime* en est le dixième; le *centime* en est le centième et le *millime*, le millième.

3. Il prend les jours.

Les substantifs qui désignent les jours sont du genre masculin. Le mot jour indique proprement la clarté, la lumière que le soleil répand lorsqu'il est sur l'horizon ou qu'il en est proche. Il y a le jour naturel qui comprend le jour et la nuit; le jour artificiel, qui embrasse le temps qui s'écoule depuis le lever jusqu'au coucher du soleil; le jour civil qui se compte depuis minuit jusqu'à minuit, et qui se compose de vingt-quatre heures. Il y a sept jours naturels dans une semaine, en voici les noms : *lundi, mardi, mercredi, jeudi, vendredi, samedi, dimanche*.

4. Les mois.

Les substantifs qui désignent les mois sont

masculins. Les mois de *janvier*, *mars*, *mai*, *juillet*, *août*, *octobre* et *décembre* se composent de trente et un jours naturels; *avril*, *juin*, *septembre* et *novembre* n'en ont que trente; *février* n'en a que vingt-huit (1). Les douze mois de l'année républicaine qui commençait le 22 septembre, étaient *vendemiaire*, *brumaire*, *frimaire*, *pluviose*, *nivose*, *ventose*, *germinal*, *floréal*, *prairial*, *thermidor*, *messidor*, *fructidor*, composés, chacun, de trente jours divisés en trois décades ou séries de dix jours; le premier s'appelait *primidi*; le second, *duodi*; le troisième, *tridi*; le quatrième, *quartidi*; le cinquième, *quintidi*; le sixième, *sextidi*; le septième, *septidi*; le huitième, *octidi*; le neuvième, *nonidi*; le dixième, *décadi*. On ajoutait à ces 360 jours composant les douze mois, cinq jours complémentaires qu'on nommait *sans-culottides*.

5. S'empare du MÉTAL.

Les substantifs désignant les métaux sont du genre masculin. On appelle du nom de métaux des substances minérales qui se forment dans les entrailles de la terre et qui ont, à des degrés différents, un grand nombre de propriétés dont les principales sont : la fusibilité, la ductilité, la ténacité et la densité.

La fusibilité est la disposition d'un métal à se fondre. Le *mercure* se fond plus facilement que l'*étain*; l'*étain* que le *bismuth*; le *bismuth*, que

---

(1) Mais quand l'année est bissextile, ce qui arrive tous les quatre ans, février a 29 jours.

le *plomb* ; le *plomb*, que le *tellure* et l'*arsenic* ; et le *tellure* et l'*arsenic*, que le *zinc*; le *zinc*, que l'*antimoine*. On ne pourrait pas fondre, à une chaleur qui ne rendrait pas le fer rouge, l'*argent*, le *cuivre*, le *cobalt*, le *fer*, le *manganèse*, le *nickel*, le *palladium*. Sont presque infusibles au feu de forge, le *titane*, le *cérium*, l'*osmium*, l'*iridium*, le *rhodium*, le *platine*, le *colombium* ou *cantal*.

La ductilité est la propriété qu'a un métal de se réduire en un fil plus ou moins long par le moyen de la filière. L'or est plus ductile que l'argent ; l'argent, que le *platine* ; le *platine*, que le *fer* ; le *fer*, que le *cuivre* ; le *cuivre*, que le *zinc* ; le *zinc*, que l'*étain* ; l'*étain*, que le *plomb* ; le *plomb*, que le *nickel* ; le *nickel*, que le *palladium*.

La ténacité est la propriété qu'ont les métaux de supporter, avant de se rompre, un poids plus ou moins considérable. Le *fer* est plus tenace que le *cuivre* ; le *cuivre*, que le *platine* ; le *platine*, que l'*argent* ; l'*argent*, que l'*or* ; l'*or*, que l'*étain* ; l'*étain*, que le *zinc* ; le *zinc*, que le *plomb*.

La densité est le nombre plus ou moins grand de *molécules* ou parties de matière qui entrent dans la composition d'un corps. Si l'on a deux dés de même grandeur, mais de matières différentes, le dé le plus dense sera celui qui pèsera le plus.

Le *platine* est plus dense que l'*or* ; l'*or*, que le *plomb* ; le *plomb*, que l'*argent* ; l'*argent*, que le *cuivre*; le *cuivre*, que l'*étain* ; l'*étain*, que le *fer* ; le *fer*, que le *zinc*.

6. Pénètre sans pitié les CORPS ÉLÉMENTAIRES.

Les substantifs qui désignent les éléments des corps sont du genre masculin. On appelle éléments, principes élémentaires, corps élémentaires, corps simples, les corps de la nature qui, soumis à tous les genres de décompositions, ne peuvent donner que des molécules absolument semblables. Ainsi dans l'or, l'argent, le plomb, le cuivre, etc., on n'a trouvé que des parties d'or, d'argent, de plomb, de cuivre, etc. Les corps élémentaires, impondérables, c'est-à-dire dont on n'a pu connaître la pesanteur, sont : le *calorique*, la *lumière*, l'*électricité* (1), le *magnétisme*; les corps élémentaires pondérables, c'est-à-dire dont on peut connaître la pesanteur, sont : l'*oxigène*, l'*hydrogène*, le *sodium*, le *potassium*, l'*urane*, le *cérium*, le *bore*, le *carbone*, le *phosphore*, le *soufre*, le *sélénium*, l'*iode*, le *brôme*, le *chlore*, l'*azote*, le *phtore*, le *silicium*; le *zirconium*, le *magnésium*, le *calcium*, le *strontium*, le *barium*, le *sithium*, le *manganèse*, le *zinc*, le *fer*, l'*étain*, le *cadmium*, l'*aluminium*, le *glucinium*, l'*ytrium*, le *thorium*, l'*arsénic*, le *molybdène*, le *chrôme*, le *tungstène*, le *colombium*, l'*antimoine*, le *cobalt*, le *titane*, le *bismuth*, le *cuivre*, le *tellure*, le *plomb*, le *mercure*, le *nickel*, l'*osmium*, le *rhodium*, l'*iridium*, l'*argent*, l'*or*, le *platine*, le *palladium*.

(1) Ces deux mots *lumière*, *électricité*, font exception.

7. Et range sous sa loi les composés binaires.

Les substantifs qui désignent les composés binaires sont masculins. Les composés binaires résultent de la combinaison des acides avec certains corps qu'on appelle alors bases de ces acides.

Le mot acide signifie aigre; mais, ici, ce mot indique tous les corps solides, liquides ou gazeux doués, en général, d'une saveur aigre ou caustique, ayant la propriété, 1° de faire disparaître, en tout, ou en partie, les caractères d'autres corps appelés alcalis; 2° de rougir l'infusé acqueux de violettes; 3° de jaunir ou de rougir le papier de Fernambouc; 4° enfin, de se combiner avec les alcalis appelés encore oxides métalliques pour former des sels.

L'*acide* acétique, s'extrait des végétaux et, en se combinant avec certaines bases, il forme les composés ou sels appelés *acétates*.

L'*acide* arsénique s'obtient du deutoxide d'arsenic et forme les sels appelés *arséniates*.

L'*acide* benzoïque s'extrait des baumes, des urines des herbivores et forme les *benzoates*.

L'*acide* borique s'extrait du borax, (sous-carbonate de soude) et forme les *borates*.

L'*acide* carbonique s'extrait du marbre en poudre ou de la pierre calcaire et forme les *carbonates*.

L'*acide* chromique s'extrait du plomb chromaté et forme les *chromates*.

L'*acide* citrique s'extrait du citron, de l'orange et forme les *citrates*.

L'*acide* fluorique s'extrait du spath-fluor et forme les *fluates*.

L'*acide* métallique, combiné avec l'eau, donne les *hydrates*.

L'*acide* gallique s'extrait de la noix de galle, et forme les sels appelés *gallates*.

L'*acide* lactique s'extrait du petit-lait aigri, et forme les *lactates*.

L'*acide* malique s'extrait des pommes, et forme les *malates*.

L'*acide* morique est à la surface de l'écorce du mûrier blanc, à l'état de *morate* de chaux.

L'*acide* nitrique s'obtient en décomposant le sel de nitre appelé *nitrate* de potasse.

L'*acide* oxalique est dans l'oseille, il forme des sels appelés *oxalates*.

L'*acide* phosphorique s'extrait du phosphore et forme les *phosphates*.

L'*acide* prussique s'obtient par la distillation du sang et forme les *prussiates*.

L'*acide* sulfurique s'extrait du soufre et forme les *sulfates*.

L'*acide* tartrique s'extrait du marc de raisin, du vin, du tamarin, et forme les *tartrates* (1).

---

(1) Zoonate, urate, succinate, subérate, sébate, sacchalate, chlorate, muriate, hydrochlorates, appartiennent à cet ordre d'idées et sont masculins.

8. Habile à faire siens les PRODUITS LES PLUS BEAUX.

On a voulu dire que lorsque l'on emploie le nom d'un lieu pour désigner, non pas le lieu même, mais seulement l'objet remarquable qui est produit dans ce lieu, soit par la nature, soit par l'industrie, le substantif est du genre masculin. Soient, par exemple, les produits, *vins*, *draps*, *fromages*.

I. Le Vin, on le sait, est une liqueur fermentée qui d'abord a été extraite du raisin. Les principes qu'on y trouve généralement sont de l'eau, de l'alcool, du *sucre* non décomposé, de l'acide acétique, du bitartrate de potasse, du tartrate de chaux, de l'alun (dans les vins d'Allemagne), du sulfate de potasse, du *chlorure* de soude, du tannin, de la matière colorante.

L'alcool qu'on appelle communément esprit, esprit de vin rectifié, conserve le nom d'alcool, quand il est formé de cent parties d'alcool pur ou absolu et au plus de soixante ou quatre-vingts parties d'eau ; il prend, au contraire, les noms d'eau-de-vie, de rhum, de tafia, etc., quand il est formé de cent parties d'alcool absolu et de moins de trois cent quarante parties d'eau, et qu'on l'a retiré du vin, du suc de canne, etc.

Voici une liste de vins les plus renommés, classés par rapport à la quantité d'alcool qu'ils contiennent ; le premier en a plus que le second ; le second, que le troisième, etc. Le *Madère*, le *Constance*, le *Xérès*, le *Lisbonne*, le *Madère rouge*, le *Madère du Cap*, le *Malaga*, le *Roussillon*, le

Syracuse, le *Bordeaux rouge*, le *Tinto*, le *Bourgogne*, le *Champagne blanc*, le *Frontignan*, le *Champagne rouge*, etc., etc.

II. On appelle Drap une étoffe de résistance, quelquefois toute de laine, quelquefois moitié laine, moitié fil, mêlée aussi d'autres matières propres à l'*ourdissage*. Ourdir, c'est préparer ou disposer, sur une machine faite exprès, le fil de la chaîne d'une étoffe, d'une toile, d'une futaine, d'un basin, d'un ruban, etc., pour la mettre en état d'être montée sur le métier, afin de tisser, en faisant passer au travers, avec la navette, le fil de la trame. Parmi les draps on cite le *Louviers*, le *Sédan*, l'*Elbeuf*, etc., etc.

III. Le Fromage est un aliment préparé avec la partie caséeuse et la partie butyreuse du lait. Pour transformer la crème du lait en fromage, on caille le liquide, soit avant, soit après l'ébullition, au moyen d'un suc acide ; ordinairement on se sert de la présure ou caillette d'un jeune veau non sevré. On recueille le coagulum ou pâte qui en résulte, et on le place dans des moules percés de trous dans le fond ; on le sale, chaque jour ; on le presse ensuite. Les fromages les plus employés sont ceux de vache, de chèvre, de brebis, de jument ; on les aromatise, on les colore, pour flatter le goût et l'œil. Le *Poitou*, le *Blois*, le *Chester*, le *Texel*, le *Gruyère*, le *Parmésan*, le *Roquefort*, le *Mont-d'Or*, le *Sassenage*, le *Champoléon*, etc.

9. Il n'a répudié que quelques ARBRISSEAUX.

Les substantifs désignant des arbres, des arbustes ou des arbrisseaux sont presque tous masculins. Il n'y a que les exceptions indiquées ci-dessous.

L'arbre est le terme le plus élevé, le plus parfait de la vie végétative, il l'emporte sur toutes les autres plantes par sa taille élancée, son port majestueux, la vigueur et l'abondance de ses sucs vitaux, par sa durée, par l'ensemble de toutes ses parties, par les nombreux genres d'utilité qu'on en retire.

Voulez-vous avoir une idée de l'utilité des arbres, jetez les yeux sur la cabane rustique, sur la fumée qui s'élève de l'âtre, sur la charrue qui féconde nos champs, sur le navire qui brave les fureurs de l'Océan, sur le bâton noueux qui soutient le débile vieillard ; voyez ces baies succulentes, ces fruits délicieux, ces boissons rafraîchissantes, cette cire, cette huile, ces gommes, ces résines, ces vernis... C'est dans le sein des arbres que la Providence a placé tous ces trésors.

Les arbres améliorent la terre par les débris qu'ils entassent sans cesse à leurs pieds; ils entretiennent les sources et l'humidité en appelant les nuages qu'ils retiennent, qu'ils conduisent, qu'ils résolvent en pluies ; ils dessèchent le sol par le jeu de leurs racines; ils protègent le pays qu'ils abritent, contre les ouragans, les orages et les grands froids ; ils l'assainissent, en pompant sans cesse les vapeurs qui s'élèvent du sol, en absorbant les gaz nuisibles, et rendent les récoltes abondantes par l'influence même de leur action physique.

I. C'est toi, ô mon Dieu, qui as répandu, avec cette merveilleuse profusion, le *chêne* au robuste *branchage*, l'*aune*, le *cèdre*, le *coudre*, l'*érable*, le *frêne*, le *hêtre*, l'*hièble*, le *lentisque*, le *liège*, le *mélèze*, le *troène*, le *tremble*, le *sycomore*, le *saule*, le *rouvre*, le *platane* et son frais *ombrage*, le noyer au large *feuillage*, dont le fruit est si admirablement coupé en quatre par le *zeste* ; le *caroubier* et le *caroube*.

Que dirai-je des *arbustes*, des *aromates*, de leurs *arômes*, du *genièvre* et de son fruit, du *thérébynthe*, de l'*alaterne*, du *myrthe* et du *cytise*, du *vignoble* et de ses *pampres* verts ?

II. EXCEPTIONS. — Qui ne connaît la riante *aubépine* ? Qui n'a rêvé sous l'*yeuse* ? Qu'elles sombres pensées la *bourdaine* ou *bourgène* fait naître dans l'esprit ! C'est elle dont le bois blanc et tendre fournit le charbon le plus propre à la fabrication de la poudre à canon. L'*épine* vous attire par son parfum, mais bientôt son aiguillon vous fait expier votre curiosité. La *ronce* vous déchire et la *vigne* vous offre de nobles inspirations, ou vous menace du plus honteux abrutissement.

10. Il a le TIERS, le QUART.

Les substantifs qui désignent des multiples ou des sous-multiples sont masculins; il n'y a que les exceptions indiquées au numéro suivant.

I. Le *centième*, le *cinquantième*, le *vingtième*, que dis-je le *cinquième* (1), le *quart*, le *tiers* des hommes se laissent entraîner par leurs passions. Donnez à l'avare le plus riche, le *double*, le *triple*, le *quadruple*, le *quintuple* (2) de ce qu'il possède et il ne sera point satisfait.

11. Mais, en mauvaise veine,
Il perdit, un matin, et DIZAINE et DOUZAINE.

II. *Exceptions au n° précédent.* — La *moitié* des hommes sont imprévoyants; on en voit des *dizaines*, des *douzaines*, des *quinzaines*, des *vingtaines*, des *trentaines*, des *quarantaines*, des *cinquantaines*, des *soixantaines*, des *centaines*, qui, en quelques heures, dissipent follement ce qu'ils ont gagné dans la semaine. Oh! fuyez toutes les sociétés dangereuses et ne vous exposez pas aux remords.

12. Il peut s'en consoler; car le madré matois,
Vous débite à son gré le BASQUE, l'IROQUOIS.

Un substantif désignant une langue est mas-

---

(1) A cet ordre d'idées appartiennent tous les autres sous-multiples en *ième* : le *sixième*, le *septième*, etc.

(2) A cet ordre d'idées appartiennent tous les autres multiples en *ple* : le *sextuple*, le *septuble*, etc.

culin. On entend par langue la totalité des usages propres d'une nation pour exprimer les pensées par la parole. Il y a presque autant de langues que de nations; toutefois les langues paraissent avoir une origine commune. Mais il est fort difficile qu'un seul homme connaisse bien le *latin*, le *grec*, l'*hébreu*, le *français*, l'*anglais*, l'*espagnol*, le *portugais*, l'*italien*, l'*allemand*, le *polonais*, le *russe*, le *turc*, etc., etc.

13. Tour-à-tour JAUNE ou GRIS, il fait le croc-en-jambe
Et vous parle de froid au moment qu'il vous flambe.

Les substantifs qui désignent les couleurs sont masculins. Si on laisse pénétrer dans une chambre noire, par une ouverture pratiquée à cet effet, un rayon de lumière, ce rayon ne paraît renfermer aucune couleur, et, projeté sur le mur, il n'y formera qu'une tache blanche; mais si vous placez, en avant de l'ouverture, un prisme de cristal, le rayon de lumière, en le traversant, se décompose et se réfracte de manière à former une figure oblongue où l'on retrouve, disposés dans l'ordre suivant, le *rouge*, l'*orangé*, le *jaune*, le *vert*, le *bleu*, l'*indigo*, le *violet*. Cette décomposition se nomme spectre solaire (1).

14. Ça, donnez POT-A-L'EAU, donnez GARDE-MANGER.

Lorsque dans un substantif composé le mot

---

(1) Voyez à la fin les noms des couleurs.

principal est un substantif masculin, ce substantif composé est masculin (1).

L'ogre n'a qu'un souci, le BOIRE, le MANGER.

Les infinitifs employés comme substantifs sont masculins (2).

16. Vos CAR, vos SI, vos MAIS, sont choses qu'il emballe.

Les mots invariables employés substantivement sont masculins (3).

17. Et les QU'EN DIRA-T-ON viennent grossir sa balle.

Les propositions substantifiées sont du genre masculin.

Substantifs masculins d'après la forme.

18. Le monstre vous effraie ainsi chargé de NITRE
Convoitant dix-neuf mots à travers une VITRE.

Les substantifs terminés en *tre* sont masculins, il n'en faut excepter que les dix-neuf mentionnés au second paragraphe de cet article.

I. Un *prêtre*, le meilleur des *êtres*, un véritable *apôtre*, tel au moins qu'on nous peint les *apôtres* avant la descente du St-Esprit, allait s'asseoir, sans façon, près de l'*âtre* enfumé du

---

(1) Voyez page 28.
(2) Voyez page 18.
(3) Voyez page 11.

pâtre ou du laboureur, et là, quittant ce ton de *maître* qu'il devait et qu'il savait prendre sur l'auguste *théâtre* où Dieu l'avait placé, il s'entretenait familièrement de tout. Il parlait, au gré de ses interlocuteurs, du *plâtre*, de l'*albâtre*, du *tartre*, que sais-je, d'un *coutre*, d'un *tertre*, etc., etc. Il racontait la nouvelle du jour, sur ce ton qui convient, quand on s'adresse à des gens simples ; il donnait en même temps d'utiles conseils. Je me souviens qu'une fois, il dit à l'un de ses paroissiens :

II. *Exceptions.* — N'avez-vous pas vu de votre *fenêtre* un gueux portant une *guêtre* noire, ayant à la *dextre* un énorme bâton qui, au besoin, pourrait servir de *poutre*? Défiez-vous de lui. A la *bistre* qui donne à son visage un teint cadavéreux ; à la *dartre* qui s'étend sur son front, vous avez pu juger de l'homme. C'est un ogre achevé ; il avale une *tourtre* comme vous avaleriez une *huître* ; il boit une *outre* de vin comme vous en boiriez un verre ; et, quand il est soû, il est redoutable et l'on doit avoir grand soin d'éviter sa *rencontre*. Toute *vitre* est attaquée ; toute *montre* est menacée. Parlez-lui, écrivez-lui ; il se moquera de vos discours et de votre *épître*. C'est comme si vous chantiez la *haute-contre* ou la *basse-contre*. Il ne respecterait ni crosse, ni *mitre*. Le malheureux n'a dit de sa vie une *patenôtre*. Si on le poursuit, il fuit comme une *loutre* sur la terre ou dans l'eau. En vérité je ne sais pas pourquoi on ne le tient pas en *chartre* privée.

19. Dans son large orif*ice* il jette, il engloutit
Jusqu'au VICE lui-même ; et son vaste appétit
N'a laissé de côté, c'est atroce malICE,
Que treize mots qu'il prend pour immondICE.

Les substantifs terminés en *ice* sont masculins, à l'exception des treize employés dans la 2ᵉ partie de ce paragraphe.

I. Allons, mon camarade, disait, pendant un *armistice*, un brave homme à son ami. J'ai toujours fait auprès de vous *office* de mentor, et je vous empêcherai de vous jeter dans le *précipice*. Le *sacrifice* serait trop grand pour moi.

II. Tenez, vous avez une *varice*, et cette large *cicatrice* atteste que vous avez été grièvement blessé. Pourquoi vouloir encore servir dans la *milice*? Pourquoi rentreriez-vous dans la *lice*? Ne l'oubliez pas, les douleurs que vous éprouvez ne sont que les tristes *prémices* de celles qui vous sont réservées. Feriez-vous fi de votre corps? Le regarderiez-vous comme vile *immondice*? Soignez-vous et changez de régime. L'*épice* ne vaut rien pour vous et les mets qui vous sont servis en sont toujours infectés. Il y a de la part des cuisiniers tout à la fois *malice* et *avarice*. La *justice* devrait bien s'en mêler. Je ne conçois pas cette *injustice*. Il faut que je vous fasse lire une *notice* où vous trouverez la preuve de tout ce que je vous dis.

20. Las! le CRIME est son lot; pour vivre loin de lui,
Ensemble, l'arME au bras, quarante mots ont fui.

Les substantifs terminés en *me* sont masculins, il faut en excepter ceux qui sont placés dans la 2ᵉ partie de ce morceau.

I. Entendez-vous comme, pour prévenir les fureurs de quelques insensés, pour mettre un *terme* à leur délire, pour les empêcher de tomber dans l'*abime*, cet orateur fait retentir de ses cris le *dôme* de l'édifice sacré.

II. Vous prétendez être la *crème* des honnêtes gens. Vous dites que, si vous êtes malheureux, vous n'avez pas perdu vos droits à l'*estime* publique. Mais pourquoi donc montrez-vous, avec tant d'affectation, la *paume* calleuse de votre main? Pensez-vous que tout le monde ne connaisse pas le mot de l'*énigme*? Que votre *frime* puisse tromper quelqu'un? Vous avez beau dire que vous n'avez pas une *drachme*; qu'on vous a ravi jusqu'à votre *légitime*; que chacun de vous est la *victime* de la cupidité de ses proches; on ne vous en croit pas. Et qui aurait la simplicité d'ajouter foi à vos paroles, lorsque vous déclamez même contre des maux qui ne sont plus, lorsque vous vous plaignez de la *dime*; oh! il faut bien qu'il y ait quelque *trame* là-dessous. Il faut bien qu'on vous donne secrètement une honteuse *prime*, pour que vous passiez tout votre temps à répandre l'*alarme* autour de vous. Mais, osez donc, faites briller l'*arme*; tirez la *lame* du fourreau.

Que la *larme* qui s'échappe de mes yeux ne vous fasse point changer de *gamme*. Exercez-vous à cette *escrime* puisqu'elle vous plaît. Qu'importe que votre cheval ait une *seime*; allez, allez toujours. Allez, et dans la *ferme*, et sur la *cime* des monts. Ramassez l'*écume* de la société ; frappez sur tout comme sur une *enclume*. L'*entame* est faite, poursuivez. Réalisez la *réforme* que vous rêvez. Remplacez cette grossière *estame* par ce drap dont la gomme menteuse vous séduit. Que dis-je, infestez les mers ; prenez la *rame*; montez sur une *prame*, sur une *birème*, sur une *trirème*. Mais, où arriverez-vous, en suivant ainsi la *maxime* et la *coutume* des pirates et des bandits ? Il vous semble déjà que vous avez conquis la *palme*; que vous tenez, que vous savourez la *pomme*..... Oh! fasse le ciel que bientôt ma *plume* n'ait pas à retracer vos misères !...... La *chiourme* vous attend.

21. Pour se réconforter il marche au presbyTÈRE ;
 Car un curé toujours a soin d'un pauvre hère.

Les substantifs en *tère*, sont masculins. Il n'y a que deux exceptions.

I. Qu'il est beau le *ministère* du prêtre chrétien! Qu'ils sont doux les sentiments dont on est pénétré lorsqu'on assiste à la célébration du saint *mystère*, au sacrifice non sanglant de la passion.

II. De quelle horreur au contraire on est saisi, lorsqu'on se représente la victime payenne faisant jaillir de son *artère* ouverte un sang noir dans la *patère* du sacrificateur !

22. Le reste, ou peu s'en faut, lui sera toujours hoc.

Les substantifs terminés en *ste* sont masculins, excepté ceux qui figurent dans la 2e partie du paragraphe qui suit.

I. Ce *buste*, je le reconnais à votre *geste*, ne vous plaît pas beaucoup.

II. Et vous riez de la singulière *veste* dont on l'a affublé. Qu'auriez-vous dit, si vous aviez vu les mousquetaires avec la *soubreveste*? C'était une *caste* tout-à-fait curieuse. Si on les eût suivis à la *piste*, on ne les aurait vus aller ni à prime, ni à *sexte*. Le plaisir seul les occupait, et pour n'y pas manquer, *peste*! ils auraient pris ou la *fuste* ou la *poste*. Ils se mouchaient dans la *baptiste*, et plus d'un, à son doigt, portait une *améthyste*. Voilà, en quelques mots, la *liste* de leurs ridicules et de leurs défauts.

23. L'usage, pour ses droits, est ferme comme un roc.

La plupart des substantifs terminés en *ge* sont masculins.

I. Non, ce n'est pas un *songe*; c'est un *vertige* qui ne vous quittera peut-être plus.

II. Parce que vous êtes revêtu de la *toge*, vous

croyez avoir le droit de vous abandonner à la maudite *rage* de tout fronder.

Ce malheureux que vous avez vu arriver sur une *allége*, chargée de mauvaises *éponges* et de minces *voliges*, aurait une fort belle *page* dans l'histoire, si l'histoire daignait prendre garde aux hommes qui ne sont pas sortis d'une noble *tige*; sans doute sa *loge* ressemble à une *cage*; ses vêtements sont de la *serge* la plus grossière. Tel qu'il est cependant, il ne craint personne à la *nage*; il court sur la *neige* comme un chamois; il se sert de la *gouge* comme pas un artisan; de la *jauge* comme un employé des contributions indirectes. Il a l'instinct de la mécanique, il a fait cette *horloge*; il est peintre, il a fait cette *image*.

24 Son territoire est grand.

C'est-à-dire que les substantifs terminés en *oire* sont masculins. Les exceptions sont indiquées dans la seconde partie du morceau qui suit.

I. Je suis dans le *purgatoire*, mais il ne faut pas que j'en aie le *déboire*....

II. Vite, sortez de la *baignoire* et que, de toute la journée, je n'entende parler ni de *balançoire*, ni de *brandilloire*, ni de *branloire*; ne soyez pas non plus à la *glissoire*, ou je vous disloque la *mâchoire*. Allons, sus! la *foire* va commencer. Pas tant d'*histoires*! tirez de chaque *armoire* les ustensiles qu'il nous faut étaler. Mettez ensemble tous les objets de cuisine, l'*écumoire*, la *passoire*, la *lardoire*, la *rotissoire*; ensuite, selon l'usage auquel ils sont destinés, placez la *bassinoire*, la *clifoire*, la *racloire*, la *radoire*, la *doloire*, la *mangeoire*. Hé bien! toi, que fais-tu là? tu cherches quelque *échappatoire*. N'y songes pas, mon enfant; eusses-tu des *nageoires* comme un poisson, j'irais te pêcher au fond de l'eau. Il faut que tu perdes la *mémoire* de tous tes colifichets. Ta *gloire* à toi, c'est l'obéissance et le travail; arrange donc ces rubans. Fais en remarquer la *moire*. Est-ce fait? Voyons si tout y est; si vous n'avez oublié ni la *frottoire* ni la *décrottoire*, ni la *polissoire*, ni l'*écritoire*, ni la *poire*, ni aucun des articles en *oire*. Hâtez-vous, et la *victoire* est à nous.

25. Un imposant concile
Pour lui rend un décret, écrit d'un très-beau style.

C'est-à-dire que les substantifs terminés en *ile* sont masculins, excepté ceux qui figurent dans la 2ᵉ partie du morceau qui suit:

I. L'intérêt est le seul *mobile* de vos actions et vous perdez de vue les saints enseignements de l'*Evangile*. Vous vous plaignez, et je ne m'en étonne point, puisque vous êtes oisifs et incrédules.

II. Voyez cet homme qui s'agite sans cesse, qui place dans la *sébile* la pâte qu'il a pétrie, se plaint-il comme vous? Hélas! nous sommes pétris d'une mauvaise *argile*. Et c'est là la cause de l'*atrabile* qui nous tourmente. Les maladies du foie et de la *bile* ne sont pas les seules que nous ayons à redouter. Tous les maux, et ceux du corps, et ceux de l'esprit viennent, à la *file*. S'ils étaient matériels, si l'on pouvait les saisir, on en ferait une horrible *pile*. Vainement, pour échapper à la douleur, on voudra voyager d'*île* en *île*, courir dans les champs, ou se cacher sous la *tuile*, on n'y parviendra point. Mais s'il nous est impossible de soustraire notre âme aux atteintes du mal, nous pourrons la fortifier et la soutenir. Or, une seule *huile* nous donnera l'énergie dont nous avons besoin, c'est l'*huile* sainte. Toutefois, pour qu'elle produise son effet, il faut que nous observions tous les commandements, que nous ne murmurions ni contre les austérités du carême, ni contre celles des *vigiles*.

26. Puis le MIRACLE arrive.

C'est-à-dire que les substantifs en *cle* sont masculins, excepté ceux qui sont indiqués à la 2ᵉ partie de ce morceau.

I. Tu as beau crier au *miracle* ; ce n'est pas cela.

II. Et ta *boucle* brillante ne m'impose pas. Tu ne connais que la *manicle*, mon ami, et je n'ai pas besoin de prendre des *besicles* pour être convaincu que tu n'es qu'une *bernacle*. Ce fait me suffit. Comme te voilà pétrifié! Mais c'est toujours comme cela ; après le gel vient la *débâcle*. Quelle simplicité! prendre une *macle*, qu'on appelle autrement la pierre de croix, une misérable substance pierreuse en prismes quadrangulaires, pour une *escarboucle*, une pierre précieuse qui, exposée au soleil, a l'éclat d'un charbon ardent. C'est trop fort!

27. Enfin, grand orateur
Dans la plupart des mots l'*e* muet lui fait peur.

C'est-à-dire que les substantifs terminés autrement que par un *e* muet sont masculins, excepté ceux qui figurent dans le morceau qui suit, et quelques autres dont la liste sera donnée ailleurs.

I. Un *jour*, dans je ne sais quel *pays*, mais le *fait* est certain, un prédicateur disait à son auditoire :

II. On n'est occupé que de sa *peau*; le jour, la *nuit*, on craint la *mort*! Est-ce donc là la *leçon* que la *croix* nous a donnée? Et nous osons dire que nous avons la *foi*! Oh! si, en effet, nous étions dévorés de la sainte *soif* de la *vertu*, nous ne serions pas, comme nous y sommes, plus de la *moitié* de la vie à la *merci* de nos *passions*; nous ferions une ample *moisson* de bonnes œuvres, et sur la *mer*, dans une *nef* fragile, qu'une *eau* courroucée menacerait d'engloutir, et sur la terre, dans la *forêt* la plus sombre, dans la *région* la plus sauvage, chez la *gent* la plus perfide, la *tribu* la plus sauvage, la *nation* la plus féroce, seuls, oui, seuls, en présence d'une *légion* armée contre nous, nous conserverions cette *paix* de l'âme qui fait braver la *faux* du trépas. Voilà la *clef* du bonheur. Mais quelle pitié nous devons faire à ceux qui suivent la *voix* du Seigneur, et que faible sera la *part* que nous aurons aux récompenses célestes. La belle *façon* de parler et d'agir! Si la *cuiller* dont nous nous servons n'est pas d'argent, si la *paroi* de notre assiette n'est pas dorée, nous nous plaignons. Si la *faim* nous presse, le pain et la *noix* ne nous suffisent pas; nous voulons la caille ou la perdrix. Que dis-je? il nous faudrait une grâce de la *cour*, une *dot* pour notre fille. Que sais-je encore? La moindre *toux* nous impatiente; une *surdent* nous chiffonne; la seule vue d'une *tour* nous effraie; la morsure d'une *fourmi* nous irrite; nous n'osons toucher ni à la *glu*, ni à la *poix*, et, pour trouver, tout à la *fois* la *fin* de leurs misères, beaucoup se jettent dans la *Lys*!.. O sensualité! ô ambition! ô lâcheté! (1).

Substantifs féminins d'après le Sens.

28. Le mâle est le plus fort et sa part est plus belle.
Mais on fait féminin tout ce qu'on crut femelle;
Les *déesses* pour rire, enfants perdus de l'art.

C'est-à-dire que les substantifs désignant les

(1) Plusieurs des substantifs placés dans cette exception appartiennent à des classes dont il va être parlé immédiatement après.

déesses imaginaires des payens ou leurs héroïnes sont du genre féminin.

I. Nous avons fait connaître les noms des dieux des payens, voici ceux de leurs déesses et de leurs héroïnes les plus célèbres : *Cybèle*, *Junon*, les *Muses*, *Diane*, *Vénus*, *Minerve*, *Amphitrite*, *Thétis*, *Doris*, les *Néréides*, les *Naïades*, les *Dryades*, les *Hamadryades*, les *Napées*, les *Oréades*, les *Harpies*, les *Syrènes*, *Proserpine*, *Tisiphone*, *Mégère*, *Alecto*, *Clotho*, *Lachésis*, *Atropos*, *Hypermnestre* et les *Danaïdes*. *Cérès*, *Palès*, *Pomone*, *Flore*, la *Nuit*, *Thémis*, la *Paix*, la *Renommée*, la *Fortune*, *Némésis*, l'*Envie*, la *Discorde*, *Echo*, les *Sibylles*, *Thisbé*, *Baucis*.

29. Que *Pâques* nous arrive ou plus tôt ou plus tard
Nous vous l'abandonnons avec cent autres fêtes,
Mesdames.

C'est-à-dire que les noms de fêtes sont du féminin.

I. Viendrez-vous nous voir à la *Saint-Jean*, à la *Saint-Michel*, à la *Saint-Martin*.

Substantifs féminins d'après la forme.

30. Après tout, que valent nos conquêtes ?
Vous avez la douceur.

C'est-à-dire que les substantifs terminés en *eur* sont du féminin, il faut en excepter ceux qui sont employés à la seconde partie du morceau suivant.

I. Quelle est votre *erreur*, mon enfant, et que de *douleurs* vous vous préparez! Quoi, c'est dans la *faveur* des grands que vous cherchez

II. Le *bonheur!* Vous vous laissez donc tromper par l'*extérieur*, et votre *cœur* est séduit par l'éclat de ce faux *honneur* qui les environne. Oh! si vous pouviez pénétrer dans l'*intérieur*, vous renonceriez à la pensée d'acheter ainsi par un long et stérile *labeur*, cet *heur* mensonger au fond duquel il n'y a, croyez m'en, que *malheur* et *déshonneur*. Le succès serait pour vous la source d'un *pleur* éternel. Fuyez, fuyez plutôt jusqu'au de là de l'*équateur*. La félicité que vous cherchez, vous ne la trouverez qu'après la mort dans le *chœur* des anges (1).

31. Vous avez la bonTÉ.

C'est-à-dire que les substantifs terminés en *té* sont féminins, excepté ceux qui figurent dans la 2e partie de ce morceau.

I. Petit vaurien, venez, venez dîner en attendant que vous subissiez la peine de vos mauvaises *qualités*. Quelle *légèreté!* quelle *avidité!* quelle *témérité!* Quelle *opiniâtreté!*

II. L'air béni avec lequel vous dites votre

(1) On a placé ici quelques adjectifs employés substantivement, on en a négligé d'autres tels que *postérieur, multiplicateur*, etc.

Bénédicité ne trompe plus personne et, je renonce à faire avec vous un *traité*. Tout ce qu'on veut mettre dans votre tête semble tomber dans le *Léthé*. Vous êtes gourmand et glouton comme il n'est pas possible ; vous avez mangé, l'autre jour, un énorme *pâté* ; après quoi, il vous en souvient, il a fallu vous administrer du *thé* ; et, cependant, le lendemain, vous avez manqué vous empoisonner en avalant un *précipité* ! Au mépris d'un *arrêté* qu'on vous rappelait chaque jour, n'avez-vous pas, l'*été* dernier, couru de tous les *côtés*, dans toutes les parties du *comté*. Et vous voyez ce qui arrive, le *comité*, informé de votre inconduite, instruit contre vous... Oh ! vous avez beau murmurer entre vos dents ; vos impertinents *aparté* ne prouvent qu'une chose, que vous êtes incorrigible et que vous finirez mal.

32. La raison vous conduit.

C'est-à-dire que les substantifs terminés en *son* (zon) sont féminins à l'exception de ceux qui sont employés à la 2ᵉ partie de ce morceau.

I. Y a-t-il de la *raison* dans ce que vous dites ? Vous me parlez de vos richesses, de vos *liaisons* ;

II. Et parce que je n'ai jamais changé d'*horison*, et que je ne connais que les simples joies du village, que l'hiver je me plais à remuer mon *tison*, et l'été, à fouler le *gason*, vous vous moquez de moi, vous prétendez que je suis un *oison*. Et que m'importe, puisque je suis heureux. Voyez si, quand je chante, ma mère n'est pas émerveillée de mon *diapason*? Mes beaux messieurs, qui êtes si fiers de votre or et de votre *blason*, convenez que, si on pouvait en juger au moyen du *peson*, votre bien-être, auprès du mien, ne serait pas fort lourd. Quoi que vous disiez, quoi que vous fassiez, gardez pour vous le *poison* que la fortune vous verse. Mes lèvres n'y toucheront jamais.

33. Des conversations lorsque vous êtes l'âme.

C'est-à-dire que les substantifs terminés en *tion* ou *xion* sont du féminin. Il n'y a d'excepté que *bastion*.

34. On fait de l'E MUET l'emblême de la femme.

C'est-à-dire que les substantifs terminés par un *e muet* sont féminins. Il en faut excepter tous ceux qui sont employés dans la série de morceaux qui suivent celle-ci. (1).

(1) Les substantifs en caractères gras sont masculins conformément à l'une des règles 18, 19, 20, 21, 22, 23, 24, 25, 26 et 27. Il sera bon d'inviter l'élève à rappeler le numéro.

PREMIÈRE SÉRIE.

Terminaisons féminines en E muet.
(Avec les exceptions en note.)

ABEILLES. Oh! quel bourdonnement vient frapper mes oreilles.
Ce sont elles, ce sont mes aimables abeilles.
Si leur cité contient trois peuples à la fois,
Epoux, reine, ouvrière, hôtes des mêmes toits,
D'autres décideront ; mais leur noble industrie,
Mais les hardis calculs de leur géométrie,
Leurs fonds pyramidaux savamment compassés,
En six angles égaux leurs bâtiments tracés,
Sont toujours un prodige (1).   DELILLE.

ABONDANCE. L'avare est indigent au sein de l'abondance.

ACANTHE. Une flexible acanthe, en longs festons dorés
Encadre ces tableaux sur l'airin figurés (2).   DE SAINTANGE.

AFFRES. L'homme dans les efforts d'une horrible agonie
Dispute, mais en vain, les restes de sa vie (3).   THÉVENAU.

AIDE. Ne refusez jamais votre aide aux malheureux (4).

ALCOVE. Dans le réduit obscur d'une alcove enfoncée,
Je t'ai trouvé dormant sur un lit de pavots. BOIL. et LA FONT.

ALGUE. Regardez ces forêts de fucus, de roseaux,
De la Flore des mers invisible héritage,
Qui ne viennent à nous qu'apportés par l'orage.   DELILLE.

---

(1) Claque-oreille, cure-oreille, vide-bouteille.
(2) Cinquante, nonante, octante, quarante, septante, soixante, trente, trente et quarante.
(3) Safre.
(4) Bipède, capripède, intermède, quadrupède, remède.

ALPES. Formidables remparts d'inégale structure
Qu'aux premiers jours du monde éleva la nature;
Enorme entassement de rocs audacieux
Que l'œil surpris voit croître et monter jusqu'aux cieux,
Dépôt des longs frimas qui blanchissent vos têtes,
D'où tombent les torrents, où sifflent les tempêtes,
Inaccessibles monts, où l'aigle des Romains
S'étonna qu'Annibal eût créé des chemins,
Rochers majestueux perdus dans les nuages,
Je m'élève avec vous par de là les orages;
Daignez me recevoir, sommets religieux,
Où l'esprit des humains commerce avec les Dieux. Ducis.

AMORCE. Craignez des vains plaisirs les trompeuses amorces. (1) Boileau.

AMPHORE. Le pur nectar qui, long-temps renfermé,
S'est recueilli dans la discrète amphore
Flatte le goût et l'odorat charmé (2). Millevoye.

ANCRE. L'ancre se précipite et plonge au fond des mers,
Des navires oisifs la course est suspendue (3). Thomas.

ANNÉE. Sur des signes divers notre terre inclinée,
Fait naître tour à tour sur le front de l'année
Les moissons et les fruits, les fleurs et les frimas (4). Chéned.

ANNEXE. Un seul prêtre dessert l'église et son annexe (5).

ANTITHÈSE. Ver impur de la terre et roi de l'univers,
Riche et vide de biens; libre et chargé de fers,
Je ne suis que mensonge, erreur, incertitude (6). L. Racine.

(1) Divorce, torse.
(2) Météore, phosphore, pore, pylore, store, sycomore.
(3) Chancre.
(4) Hyménée, périnée.
(5) Sexe.
(6) Dièze, diocèse. in-seize, manganèse, seize, trapèze. treize.

APOSTROPHE. L'apostrophe, on le sait, remplace une voyelle.

ARAIGNÉE. Contemplez l'araignée en son réduit obscur.
Que son toucher est vif, qu'il est prompt, qu'il est sûr !
Sur ses pièges tendus, sans cesse vigilante,
Dans chacun de ses fils elle paraît vivante.   Du Resnel.

ARCHE. Sur son axe affaissé le globe qui chancelle,
Du dernier des humains voit la faible nacelle
Lutter contre les vents, fendre les flots amers
Et porter dans son sein l'espoir de l'univers.
Image de l'antique et nouvelle alliance,
L'arche vers *Ararath* vogue avec confiance   C. de Bernis.

ARÈNE. J'aime mieux un ruisseau qui sur la molle *arène*
Dans un pré plein de fleurs lentement se promène,
Qu'un torrent débordé, qui, d'un cours orageux
Roule plein de gravier sur un terrain fangeux (1).   Boileau.

ASTRONOMIE. Mortel audacieux que ne tentes-tu pas?.....
Ces globes qu'un seul astre entraîne autour de lui,
Tu sus les asservir à des routes prescrites ;
Tu connais leur pouvoir, leurs masses, leurs orbites :
Tes regards ont percé jusque dans l'infini.
A tes yeux se cachaient de timides étoiles ;
Elles semblaient braver tes désirs trop hardis.
De leur front virginal tu fis tomber les voiles,
Et d'un nouvel éclat l'univers fut surpris.   Roman.

ASTUCE. L'astuce en nous trompant ne trompe qu'elle-
[même (2).

ATMOSPHÈRE. Sur nous, autour de nous, de deux airs diffé-
L'Eternel répandit les fluides errants ;   [rents.
L'un, en courant moins pur, dans l'immense atmosphère
Règne plus abondant ; l'autre, plus salutaire,

(1) Domaine.
(2) Prépuce.

A la plus faible part dans les champs de l'Ether ;
De leurs flots réunis la nature a fait l'air (1).   DELILLE.

ATTAQUE. Prompts à l'attaque et prompts à nous laisser abattre,
C'est en deux mots notre portrait (2).

AUBE. Déjà l'aube naissante
Répand sur l'Orient sa clarté blanchissante ;
Et bientôt le soleil couronné de rubis
Va sortir radieux des célestes lambris.   CASTEL.

AVOINE. Pour l'avoine et le lin, et les pavots brûlants,
De leurs sucs nourriciers ils épuisent les champs.
La terre, toutefois, malgré leurs influences,
Pourra par intervalle admettre ces semences,
Pourvu qu'un sol usé, qu'un terrain sans vigueur,
Par de riches engrais raniment leur langueur (3).   DELILLE.

BANQUE. Sans contredit la banque est l'âme du commerce (4).

BARBE. Si par la barbe on était homme,
Dit un bouc, je serais bien plus homme que vous.

BESICLES. Regardez, vous n'avez pas bien mis vos besicles,
Vous n'avez pas bien vu (5).

BESOGNE. Il faut pour réussir être âpre à la besogne.

---

(1) Abécédaire, anniversaire, antiphonaire, luminaire, ovaire, vocabulaire, reliquaire, spéculaire, vulgaire, repaire, vulnéraire, suaire, dictionnaire, honoraire, rosaire, syllabaire, douaire, sagittaire, salaire, électuaire, exemplaire, inventaire, itinéraire, scapulaire, bréviaire, brumaire, secrétaire, savoir-faire, préliminaire, séminaire, numéraire, corollaire, capitulaire, sermonaire, serpentaire, questionnaire, formulaire, frimaire, sommaire, vestiaire, ordinaire, adultère, caractère, cautère, clystère, décastère, décistère, embarcadère, hémisphère, ministère, planisphère, presbytère, réverbaire, stère, viscère, ulcère, mésentère.
(2) Abaque, cloaque, laque, zodiaque.
(3) Antimoine, patrimoine, péritoine.
(4) Manque.
(5) Article, cycle, épicycle, sicle, hémicycle.

BIBLE. Là, du monde naissant vous suivez les vestiges,
Et vous errez sans cesse au milieu des prodiges.
Dieu parle, l'homme naît; après un court sommeil,
Sa modeste compagne enchante son réveil.
Déjà fuit son bonheur avec son innocence :
Le premier juste expire; ô terreur! ô vengeance!
Un déluge engloutit le monde criminel.
Seule et se confiant à l'œil de l'Eternel,
L'arche domine en paix les flots du gouffre immense
Et d'un monde nouveau conserve l'espérance.
Patriarches fameux, chefs du peuple chéri,
Abraham et Jacob, mon regard attendri
Se plaît à s'égarer sous vos paisibles tentes ;
L'orient montre encor vos traces éclatantes,
Et garde de vos maux la simple majesté.
Au tombeau de Rachel je m'arrête attristé,
Et tout-à-coup son fils vers l'Egypte m'appelle.
Toi qu'en vain poursuivit la haine fraternelle,
O Joseph, que de fois se couvrit de nos pleurs
La page attendrissante où vivent tes malheurs !
Tu n'es plus. O revers! près du Nil amenées,
Les fidèles tribus gémissent enchaînées.
Jéhovah les protège, il finira leurs maux.
Quel est ce jeune enfant qui flotte sur les eaux ?
C'est lui qui des Hébreux finira l'esclavage.
Fille des Pharaons, courez sur le rivage,
Préparez un abri, loin d'un père cruel,
A ce berceau chargé des destins d'Israël.
La mer s'ouvre; Israël chante sa délivrance.
C'est sur ce haut sommet qu'en un jour d'alliance
Descendit avec pompe, en des torrents de feu,
Le nuage tonnant qui renfermait un Dieu.
Dirai-je la colonne et lumineuse et sombre,
Et le désert témoin de merveilles sans nombre?
Aux murs de Gabaon, le soleil arrêté,

Ruth, Samson, Débora, la fille de Jephté
Qui s'apprête à la mort, et, parmi ses compagnes,
Vierge encor, va, deux fois, pleurer sur les montagnes?
Mais les Juifs aveuglés veulent changer leurs lois;
Le ciel, pour les punir, leur accorde des rois;
Saül règne; il n'est plus; un berger le remplace:
L'espoir des nations doit sortir de sa race.
Le plus vaillant des rois, du plus sage est suivi.
Accourez, accourez descendants de Lévi,
Et du temple éternel venez marquer l'enceinte.
Cependant dix tribus ont fui la cité sainte.
Je renverse en passant les autels des faux dieux;
Je suis le char d'Elie emporté dans les cieux;
Tobie et Raguel m'invitent à leur table.
J'entends ces hommes saints dont la voix redoutable
Ainsi que le passé racontait l'avenir.
Je vois au jour marqué les empires finir.
Sidon, reine des eaux, tu n'es donc plus que cendre!
Vers l'Euphrate étonné, quels cris se font entendre?
Toi qui pleurais, assis près d'un fleuve étranger,
Console-toi, Juda; tes destins vont changer.
Regarde cette main vengeresse du crime
Qui désigne à la mort le tyran qui t'opprime.
Bientôt Jérusalem reverra ses enfants.
Esdras et Machabée et ses fils triomphants
Raniment de Sion la lumière obscurcie..
Ma course enfin s'arrête au berceau du Messie.

DE FONTANES.

BOMBE. Vomi d'un sein de bronze avec un bruit affreux
Ce globe, en s'élevant, forme un arc lumineux.
Il tombe, et, déployant ses fureurs intestines,
Accable les palais sous de vastes ruines (1).   DULARD.

(1) Lombes, rhombe.

BOTANIQUE. L'air du matin, la fraîcheur de l'aurore
Appellent à l'envi les disciples de Flore.
Jussieu marche à leur tête, il parcourt avec eux
Du règne végétal les nourrissons nombreux (1).   DELILLE.

BOULE. Ici, s'ouvre un long cirque où des boules rivales
Poursuivent vers le but leurs courses inégales,
Et le fil à la main, des experts, à genoux,
Mesurent la distance et décident des coups (2).   DELILLE.

BOURRASQUE. Souvent, d'Eole enfant audacieux,
Du pied rasant la terre, et le front dans les cieux,
Le terrible ouragan mugit, part et s'élance,
La ruine le suit et l'effroi le devance (3).   DELILLE.

BOUSSOLE. Jadis le nautonier, incertain et timide
Dans un cours périlleux ne connut d'autre guide
Que cet astre du Nord, phare brillant des airs,
Qu'a placé la nature au bout de l'univers.
Mais aujourd'hui, muni d'une simple boussole,
De l'une à l'autre mer rapidement il vole;
Il conçoit, accomplit les plus hardis desseins;
Le sceptre de Neptune est remis dans ses mains (4).   RICARD.

BRAVOURE. La bravoure s'élance au milieu des dangers.

BRIBES. Au pauvre, au mendiant donnez au moins vos bribes.

BROCHE. Voyez le fer pointu qui tourne à la cuisine
Et fait tourner les poulets déplumés (5).   VOLTAIRE.

BULBE. Cette bulbe, au printemps, pour vous refleurira.

(1) Cantique, caustique, distique, émétique, lexique, spécifique, topique, tropique, viatique.
(2) Moule.
(3) Casque, masque.
(4) Môle, rôle, capitole, monopole, pactole, pôle, protocole, symbole.
(5) Reproche.

CALOMNIE. A sa voix le soupçon s'éveille ;
L'envie attentive sourit ;
La raison se tait et soupire ;
L'innocence flétrie expire ;
On la plaint, mais l'on applaudit (1).   DEMOUSTIER.

CAMPAGNE. Heureux qui loin du bruit, sans projet, sans
[affaires
Cultive de ses mains ses champs héréditaires (2).   ANDRIEUX.

CANICULE. La *canicule* en feu dévore les campagnes (3). BOIL.

CARTE. O roi David, ô ressource assurée,
Vous ranimez la langueur désœuvrée ;
Grand roi David, c'est toi dont les sixains
Fixent l'esprit et le goût des humains.
Sur un tapis dès qu'on te voit paraître,
Noble bourgeois et clerc et petit-maître,
Femme surtout, chacun met son espoir
Dans tes cartons *peints et de rouge et de noir*.
Leur âme vide est du moins amusée
Par l'avarice en plaisir déguisée.   VOLTAIRE.

CASCADE. Voyez-vous sur ces monts la cascade orageuse
Tombant avec fracas sur la roche écumeuse,
Et ses flots divisés et poussés par les vents
Remonter en vapeur aux sources des torrents (4).   MICHAUD.

CATARACTE. Entends tomber du mont l'eau de la cataracte (5).

CAVE. Qu'aux coups de vos maillets vos tonnes retentissent
Sur leurs flancs arrondis que les cercles s'unissent ;

---

(1) Génie.
(2) Bagne.
(3) Adminicule, animalcule, conciliabule, corpuscule, crépuscule, opuscule.
(4) Grade.
(5) Acte, entr'acte, pacte.

Venez de vos celliers préparer les trésors
Et foulez la vendange écumante à pleins bords (1).   CASTEL.

CAVERNE. Ainsi quand de nos jours des cavernes profondes
La France eût épuisé les entrailles fécondes,
Pour porter le trépas à cent peuples vaincus
L'on vit Mars profaner les caveaux de Bacchus!....
Ses murs sont envahis, son asile souillé ;
Du salpêtre fougueux son sol est dépouillé,
Et la mort dévorante avide de sa proie,
Vient chercher la ruine où l'on puisait la joie (2).   DELILLE.

CENDRE. Nous avons beau vanter nos grandeurs passagères
Il faut mêler sa cendre aux cendres de ses pères (3).   RACINE.

CHAMBRE. Heureux qui, sans ennui, vivra seul dans sa
[chambre (4).

CHARGE. Ni l'or ni la grandeur ne nous rendent heureux.
Ces deux divinités n'accordent à nos vœux
Que des biens peu certains, qu'un bonheur peu tranquille.
                              LA FONTAINE.

CHARRUE. Les bœufs à pas tardifs, las et le col baissé
Ramènent la charrue et le soc renversé.   ANDRIEUX.

CHENILLE. Cachée à nos regards, la hideuse chenille
Sous le pampre naissant dépose sa famille,
Se cache, s'enveloppe, habite en sûreté
Dans le sein tortueux du feuillage infecté.   ROSSET.

COIFFE. Etre triste comme un bonnet de nuit sans coiffe
C'est l'être au dernier point.

COLLINE. J'aime bien ces hauteurs où sans orgueil domine

---

(1) Conclave.
(2) Terne, quaterne, averne.
(3) Esclandre, méandre.
(4) Ambre, gingembre, membre, septembre, novembre, décembre.

Sur un riche vallon une belle colline (1). DELILLE.

CORNEMUSE. Ces gros ménéstiers, soufflant tous leurs
[poumons,
Sous leurs doigts font crier leur aigre cornemuse. PARS. G. M.

CORVÉE. Nous l'avons aboli ce supplice effroyable
Qui désolait les champs, dépeuplait les hameaux,
Tourmentait à la fois l'homme et les animaux.
La corvée! à ce nom les cabanes gémissent. DELILLE.

COULPE. La coulpe t'a privé de la grâce de Dieu.

COUPE. Hélas! le genre humain vide jusqu'à la lie
La coupe du malheur que lui-même a remplie (2). CASTEL.

COULEUVRE. La couleuvre, fuyant son antre ténébreux
Fixe l'astre du jour, se ranime à ses feux,
Glisse parmi les fleurs, sur l'arène brûlante,
Marque les longs replis de sa robe ondoyante
S'enfle, siffle, s'élance, et sur soi se dressant,
A travers les buissons lève un front menaçant. MICHAUD.

CRAMPE. Une maudite crampe a contracté mes nerfs.

CRIÉE. La criée au public annonce les enchères.
Des biens qui sont vendus.

CUISSE. A l'aile du poulet vous préférez la cuisse!

CUVE. Sur les bords de la cuve fumante
S'élève en bouillonnant la vendange écumante (3). DELILLE.

CYMBALE. La cymbale d'airin jette un son éclatant (4). MAL.

DEVISE. Le trépas vient tout guérir,
Mais ne bougeons d'où nous sommes
Plutôt souffrir que mourir

(1) Platine, quine.
(2) Groupe.
(3) Vésuve, pédiluve.
(4) Astragale, dédale, ovale, pétale, scandale, hâle, râle.

C'est la *devise* des hommes (1).   LA FONTAINE.

DISCORDE. Ce monstre impétueux, sanguinaire, inflexible,
De ses propres sujets est l'ennemi terrible ;
Aux malheurs des mortels il borne ses desseins ;
Le sang de son parti rougit souvent ses mains ;
Il habite en tyran dans le cœur qu'il déchire,
Et lui-même, il punit les forfaits qu'il inspire (2).   VOLTAIRE.

DOUVE. Avant d'emplir la tonne
Voyez si chaque douve est en fort bon état.

DRACHME. L'avare dit : L'argent ! sans lui tout est stérile
La vertu sans argent est un meuble inutile (3).   BOILEAU.

DRAGÉE. On dit de qui vend cher qu'il tient la dragée haute (4).

DUPE. Fuyez le jeu, mon beau garçon,
On commence par être dupe,
On finit par être fripon.   Mme DESHOULIÈRES.

ECREVISSE. Oui, c'est cet animal, aux longs crocs, au pas lent,
Dont le cours rétrograde avance en reculant (5).   DELILLE.

EMPREINTE. Du corps qui la pressa la cire offre l'empreinte (6).

ENSEIGNES. Sur le sol étranger de nos mains triomphantes
Nous planterions encore nos enseignes flottantes (7).

ENVIE. Le sein de l'envie
Est desséché par le bonheur d'autrui.   LÉONARD.

ÉPÉE. Si contre moi tu te sers de l'épée,
Par l'épée à ton tour tu te verras frappée.

---

(1) Cytise.
(2) Monocorde, tétracorde, pentacorde, eptacorde, exorde.
(3) Diaphragme.
(4) Périgée, apogée.
(5) Narcisse.
(6) Labyrinthe.
(7) Interrègne, règne, peigne.

EPINGLE. Ne soyez pas tiré toujours à quatre épingles.

EPREUVE. Quand de la vie on sait supporter les épreuves,
On sait beaucoup (1).

FANFARRE. Le cor, pour éveiller les châteaux d'alentour
Frappe et remplit les airs de bruyantes *fanfarres* (2). Roucher.

FARCE. Laissons aux gens grossiers la farce et son gros rire.

FÉE. La raison a tué les sorciers et les fées (3).

FELOUQUE. Cette felouque part pour pêcher le corail.

FEUILLES. Non quand j'aurais reçu cent voix infatigables
Je ne pourrais nombrer ces races inombrables,
Qui, diverses de port, de formes, de couleurs,
De *feuilles*, de parfums et de fruits et de fleurs,
Filles des monts, des bois, de la terre et de l'onde,
Sont les trésors de l'homme et l'ornement du monde. Delille.

FEUILLÉE. Des chantres du printemps la foule réveillée
Au souffle des zéphyrs mêlant sa douce voix
Du sein de la verte feuillée
Charme le silence des bois. Dorange.

FIBRE. Il faut de chaque cœur savoir toucher la fibre (4).

FIÈVRE. Mon sang à flots de feu roule de veine en veine ;
L'ardeur suit le frisson et leurs accès flottants
Sont tous deux asservis à des retours constants.
Le *quinquina* paraît, son utile magie
A conjuré la fièvre et m'a rendu la vie (5). Dulard.

FLUTE. Pan trouva le premier cet art ingénieux
De former sur la flûte un son harmonieux. Gresset.

(1) Fleuve.
(2) Bécarre, lares, phare, tintamarre, tartare, ténare.
(3) Trophée.
(4) Equilibre, calibre, Tibre.
(5) Genièvre.

FORTUNE. Il est certain Colin-Maillard
Qu'on nomme ici-bas la fortune ;
Il sème ses dons au hasard
Et fuit une foule importune.
Souvent, en dépit de nos vœux,
Un faux chignon couvre sa nuque,
Et, lorsqu'on le prend aux cheveux,
Il laisse en nos mains sa perruque.   FAYOLLE.

FOUDRE. Bruyante fille de l'orage,
Tu recèles, ô foudre, un feu mystérieux ;
Il presse, entr'ouvre le nuage,
Et trace dans sa chûte un sillon tortueux (1).   DULARD.

FOUGUE. Craignez les passions, combattez en la fougue.

FOURCHE. Pour arme au noir Satan on donnait une fourche.

FRAUDE. Pour nuancer son arc, Iris aux feux du jour
En dérobait l'azur, la pourpre et l'émeraude ;
Mais depuis que le prisme a dévoilé sa fraude,
Iris n'est qu'un nuage éclairé du soleil (2).   P.-V.-GR.-MAISON.

FRESQUE. Sous ces crayons, une heureuse magie,
Par le savant concert des ombres et des jours,
Des objets applatis bombe aux yeux les contours,
Fixe sur un tissu la nature asservie,
Et des couleurs empruntant le secours,
Lui donne sur la toile une seconde vie.   J. PERARI.

FUMÉE. Ton livre brûle, il vole dans les airs ;
Il est fumée aussi bien que la gloire.
De nos travaux, voilà quelle est l'histoire,
Tout est fumée, et tout nous fait sentir
Ce grand néant qui doit nous engloutir.   VOLTAIRE.

FUSÉE. Vers la voûte étoilée où son orgueil aspire,

(1) Coudre.
(2) Code, épisode, exode, synode.

Une fusée en longs rayons de feux,
Traçant, un soir, sa course vers les cieux,
Monte, brille ; elle éclate ; on la suit, on l'admire....
Soudain elle va s'arrêter.....'
Mais l'imprudente, en cessant de monter,
Retombe.. Ah ! voilà bien l'image de la vie (1). E. Dupaty.

GARDE. La mort a des rigueurs à nulle autre pareilles ;
    On a beau la prier,
La cruelle qu'elle est se bouche les oreilles,
    Et nous laisse crier.
Le pauvre, en sa cabane, où le chaume le couvre,
    Est sujet à ses lois.
Et la garde qui veille aux barrières du Louvre,
    N'en défend pas les rois. **Malherbes.**

GELÉE. La gelée a formé son invincible chaîne.
D'abord elle obéit au courant qui l'entraîne,
S'attache autour des joncs qui percent le canal,
Cimente au pied des rocs un pavé de cristal,
Et le fleuve pressé de l'une à l'autre rive,
Dort enfin sous la voûte où son onde est captive (2). **Léonard.**

GLÈBE. Le ciel en le créant, forma-t-il l'homme esclave ?
La nature qui parle et que le tyran brave,
Aura-t-elle à la glèbe attaché les humains,
Comme les vils troupeaux mugissant sous nos mains(3). **Volt.**

GOURDE. Garo trouve le gland pris au poil du menton.
Oh ! oh ! dit-il, je saigne ! Et que serait-ce donc
S'il fut tombé de l'arbre une masse plus lourde,
Et que ce gland eût été gourde. **La Fontaine.**

GRAINE. De ces brillantes fleurs la graine est le berceau (4).

(1) Élysée, musée, colysée.
(2) Mausolée.
(3) Érèbe.
(4) Chêne, troëne, frêne, pêne.

GRAPPE. Pour nous mûrit le blé, pour nous la sève errante
Vient gonfler d'un doux suc la grappe transparente.   DELILE

GREFFE. La greffe unit son art aux dons de la nature!....
Et soit que d'un rameau la blessure féconde
Reçoive un plant choisi dans sa fente profonde ;
Soit que le sauvageon que l'art veut corriger,
Dans ses bourgeons admette un bourgeon étranger!....
L'arbre adopté s'élève ; il se couvre de fruits,
Que le tronc paternel n'aurait jamais produits.   DELILLE.

GRIFFE. Je craindrais beaucoup moins la griffe du lion
Que les traits des méchants (1).

GUÊPE. La guêpe de Cayenne, avec plus d'art encor,
Sous des toîts de carton sait cacher son trésor :
D'un papier composé de la plus fine écorce
Qui joint, dans son tissu, la finesse à la force,
Elle forme ses murs ; et ses légers châteaux,
Peuplés de ses enfants, remplis de ses gâteaux,
Ne sont que des feuillets redoublés l'un sur l'autre (2). DELILL.

GUIRLANDE. Fleurs, l'autel où de Dieu repose la grandeur,
Se parfume au printemps de vos douces offrandes,
Et la religion sourit à vos guirlandes.   DELILLE.

HAIE. Qu'une haie opposant ses remparts hérissés
Éloigne les troupeaux par ses traits repoussés.   ROSSET.

HALTE. La compagnie a fait une très courte halte.

HARANGUE. Ne faites pas une longue harangue,
Ou vous allez nous voir bailler.

HARPE. J'entends, je reconnais ces chefs-d'œuvre de l'art,
Trésors de l'harmonie et la gloire d'Érard.
Sous ses rapides mains, le sentiment voyage ;

---

(1) Hiéroglyphe, logogryphe.
(2) Crêpe.

Chaque touche a sa voix, chaque fil son langage;
Il monte, il redescend sur l'échelle des tons,
Et forme sans désordre un dédale de sons.
Quelle variété! Que de force et de grâce!
Il frappe, il attendrit, il soupire, il menace.   **Delille.**

HÉCATE. Les monstres dans vos jeux succombent sous vos traits.
Jusque dans les enfers votre pouvoir éclate,
Les mânes, en tremblant, écoutent votre voix;
  Au redoutable nom d'Hécate
Le sévère Pluton rompt lui-même ses loix (1). **Fontenelle.**

HERBE. La terre produit l'herbe et l'herbe la dévore (2). **Del.**

HERSE. Avec mesure une main libérale
Sème le blé dans le sillon poudreux,
Et sur ses grains la herse qui se traîne
Avec lenteur passe et ferme la scène (3).   **Léonard.**

HEURE. Le sage, à chaque instant, songe à sa dernière heure (4).

HYDRE. L'hydre de la chicane, aux longs mugissements,
Étourdit le bon droit, ainsi que le bon sens (5)   **Royon.**

HYGIE. O prodige éclatant, vaincue et désarmée,
La parque à son aspect s'enfuit au sombre bord.
Hygie, en ces moments, ranime avec effort
La flamme de nos jours à demi consumée.

INSULTE. Ne te permets l'insulte à l'égard de personne.

IDÉE. Ce n'est pas sans raison que de l'intelligence,
Dans les sens ébranlés, on plaça la naissance.
Tout entre dans l'esprit par la porte des sens :
L'un écoute les sons, distingue les accents;

(1) Aromate, stygmate, automate.
(2) Verbe.
(3) Commerce.
(4) Leurre, beurre.
(5) Cidre.

L'autre des fruits, des fleurs, des arbres et des plantes,
Apporte jusqu'à nous les vapeurs odorantes ;
L'autre goûte des mets les sucs délicieux ;
L'œil plus puissant, embrasse et la terre et les cieux.
Mais tant que le toucher n'a pas instruit la vue,
Ses regards ignorants errent dans l'étendue ;
Les distances, les lieux, les formes, les grandeurs,
Tout est douteux pour l'œil, excepté les couleurs.   DELILLE.

INTRIGUE. Ne descendons jamais à de lâches intrigues. BOIL.

JALOUSIE. La sombre jalousie au teint pâle et livide,
Suit d'un pas chancbelant le soupçon qui la guide.
La haine et le courroux répandant leur venin,
Marchent devant ses pas un poignard à la main.
La malice les voit, et d'un souris perfide
Applaudit, en passant, à leur troupe homicide.
Le repentir les suit, détestant leurs fureurs,
Et baisse en soupirant ses yeux mouillés de pleurs. VOLTAIRE.

JAMBES. A-t-il peur ? Il a pris les jambes à son cou (1).

JOIE. Pourquoi ce front, où l'âme se déploie,
Est tantôt éclairé des rayons de la joie,
Tantôt enveloppé d'un chagrin ténébreux (2).   L. RACINE.

LIGNE. Sur la rive du lac, le pécheur matinal
De sa pêche a porté le champêtre arsenal,
Le cordonnet mobile et la corde étendue,
Qui dans ses mains s'allonge et dans l'eau diminue (3). BOISJ.

JOUTE. Dès l'enfance exercée aux joûtes de Bellone,
Camille préférait, amante des combats,
La lance belliqueuse aux fuseaux de Pallas.   DELILLE.

JUJUBE. La jujube, fruit rouge, est un bon pectoral (4).

(1) Iambe, dithyrambe, ambe.
(2) Foie.
(3) Signe, cygne.
(4) Cube, tube.

MANCHE. Nul ne dira de moi qu'il me tient dans sa manche (1).

MANNE. Les Juifs que Dieu nourrit d'une manne céleste
Furent toujours ingrats (2).

MARÉE. Secret de l'océan, ô flux mystérieux,
Daigneras-tu jamais dévoiler à nos yeux
Le moteur qui deux fois, dans la même journée,
Retire et rend les flots à la rive étonnée (3). ESMÉNARD.

MARGUERITE. La simple marguerite étale ses beautés,
Son cercle émaillé d'or, ses rayons argentés. (4) St-LAURENT.

MÈCHE. Bientôt le long de la mèche perfide
Le feu glisse et s'avance en dévorant son guide. (5). DELILLE.

MÉLANCOLIE. La joie a ses plaisirs, mais la mélancolie
Amante du silence et dans soi recueillie,
Dédaigne tous les jeux. LEGOUVÉ.

MÉLODIE. L'aimable mélodie est une voix de flamme,
Langage universel, naïf écho de l'âme
Qui résonne au de là du cercle étroit des sens (6). CHAUNARD.

MEULE. L'eau baigne nos jardins, coule dans nos buffets,
Compose nos liqueurs et prépare nos mets.
Le grain par son secours sous la meule se broie.
Elle apprend à la roue à devider la soie.
Elle conduit la scie, élève les marteaux
Qui foulent le papier ou domptent les métaux. DELILLE.

MEUTE. Les chiens par le cor animés,
De plaisirs haletants, et les yeux enflammés,
De leurs naseaux brûlants ont respiré la proie.
En bataillons épars la meute se déploie. THOMAS.

(1) Dimanche et un manche.
(2) Crâne, péricrane, mânes, organe, platane.
(3) Empyrée.
(4) Gîte, mérite, plébiscite, rite, satellite, site, mythe.
(5) Prêche.
(6) Incendie.

MODESTIE. Sous un noble incarnat rougit la modestie ;
Le front couvert d'un voile et le regard baissé,
Sans montrer, sans cacher son front pur et céleste,
Noblement recueillie en sa vertu modeste,
Elle marche en silence. . . . .   BAOUR-LORMIAN.

MOLLESSE. La mollesse est la sœur de l'indigne paresse.

MONARCHIE. On ne l'ignore pas, la cour a ses naufrages,
Mais ses jours sont plus beaux ; son ciel a moins d'orages ;
Souvent la liberté, dont on se vante ailleurs,
Étale auprès d'un roi ses dons les plus flatteurs,
Il récompense, il aime, il prévient les services.   VOLTAIRE.

MONTRE. Sur l'aiguille mobile, interprète du temps,
Les hôtes des cités mesurent leurs instants.   MICHAUD.

MOSQUÉE. Dans la mosquée un turc offre à Dieu sa prière.

MOUSSE. La mousse sous nos pieds étend un tapis frais (1).

MOUSTACHE. La moustache me plait sous le nez d'un soldat,
Le bourgeois qui la porte est très souvent un fat (2).

MYRRHE. La myrrhe embaume l'air des parfums qu'elle
[exhale (3). DE SAINTONGE.

NACRE. La nacre orne le fond de beaucoup de coquilles (4).

NATURE. Nature, ô séduisante et sublime déesse,
Que tes traits sont divers! Tu fais naître dans moi
Ou le plus doux transport, ou le plus saint effroi.
Tantôt dans nos vallons, jeune, fraîche et brillante,
Tu marches, et des plis de ta robe flottante
Secouant la rosée et versant les couleurs,
Tes mains sèment les fruits, la verdure et les fleurs.

(1) Pouce.
(2) Panache.
(3) Collyre, délire, empire, martyre, navire, porphyre, rire, sourire, zéphire.
(4) Fiacre, massacre, sacre, simulacre, acre de terre.

Les rayons d'un beau jour naissent de ton sourire.
De ton souffle léger s'exhale le zéphire.
Et le doux bruit des eaux, le doux concert des bois,
Sont les accents divers de ta brillante voix.
Tantôt dans les déserts, divinité terrible,
Sur des sommets glacés plaçant ton trône horrible,
Le front ceint de vieux pins s'entrechoquant dans l'air,
Des torrents écumeux battent tes flancs, l'éclair
Sort de tes yeux; ta voix est la foudre qui gronde,
Et du bruit des volcans épouvante le monde (1). — DELILLE.

NICHE. Il est tranquille et doux comme un saint dans sa niche,
Mais fou qui s'y fiera (2).

NICHÉE. Là des œufs maternels nouvellement éclose
Sur le plus doux coton la famille repose;
Et la laine et le crin, assemblés avec art,
De leur tissu serré leur forment un rempart
Dont le tour régulier, l'exacte symétrie
Défierait le compas de la géométrie. DELILLLE.

NUÉE. Une vapeur paraît, s'étend et s'épaissit;
Le jour pâlit, l'air siffle et le ciel s'obscurcit. ROSSES.

OCRE. Par l'oxide de fer qu'on colore l'argile
On aura l'ocre jaune.

OFFRE. L'offre tient tout son prix des airs de la personne.
La façon de donner vaut mieux que ce qu'on donne (3).

OLIVE. L'olive, ainsi qu'au goût est différente aux yeux;
En des moules divers la nature la jette,
En globe l'arrondit ou l'allonge en navette. DELILLE.

OMBRE. La timide infortune aime à gémir dans l'ombre (4).
DORAT.

(1) Parjure, murmure, mercure, augure.
(2) Acrostiche, hémistiche.
(3) Coffre.
(4) Concombre, nombre, décombres.

OUIE. Elle écoute les sons, distingue les accents (1).

PAILLE. Avec les braves gens ne rompez point la paille.

PALME. Quels peuples oseront dans les champs de l'histoire
Disputer aux français la palme de la gloire? (2).

PANTOUFLE. Ici, sous des genoux qui se courbent en voûte,
Une pantoufle agile, en déguisant sa route,
Va, vient, et quelquefois, par son bruit agaçant,
Sur le parquet battu, se trahit en passant (3).   DELILLE.

PAROISSE. Le plus riche, au village, est coq de la paroisse.

PARQUE. La main des parques blêmes
De vos jours et des miens se joue également. LA FONTAINE.

PATÉE. Donnez à vos dindons une bonne pâtée.

PATRIE. A tous les cœurs bien nés que la patrie est chère. VOL.

PELOUSE. Voyez ce berceau frais respecté d'Aquilon,
Dont un chêne aux cent bras, couvre au loin la pelouse.
                                              LE GRAND-D'AUSSY.

PENSÉE. Par quel rapide essor la sublime pensée,
Des prisons du cerveau tout-à-coup élancée,
Suit-elle dans son cours ces vastes tourbillons
Qui tracent dans l'éther d'invisibles sillons (4)?   LEBRUN.

PERLE. J'admire cette lune et ces perles des cieux,
Noble et brillante cour, dont la magnificence
Rend plus auguste encor la nuit et son silence.   L. RACINE.

PERTE. La perte la plus grande est la perte de Dieu.

PHASE. Du globe de la nuit, nous prêtant sa lumière,
Quel est l'aspect, quelle est la marche irrégulière?
Pourquoi tantôt obscur, et tantôt lumineux,

---

(1) Voyez Idée.
(2) Calme.
(3) Souffle.
(4) Caducée, lycée.

Cache-t-il sa clarté, l'offre-t-il à nos yeux ?
Sous la forme d'un arc d'abord il se présente,
Sa lumière s'accroît par progression lente;
Puis son disque arrondi, brillant au haut des airs,
Remplace le soleil dans le sombre univers.
Enfin, ce vif éclat par degrés diminue,
Et décroissant toujours disparaît à la vue (1).   **Dulard**.

PIE. La pie est un oiseau qui saute et toujours crie,
Et l'on dit qu'un bavard jase comme une pie.

PIROGUE. L'indien creuse un arbre et fait une pirogue (2).

PLUIE. Vois ces goutes de pluie, en perles transformées,
    Mêler l'éclat du diamant
Au verdoyant éclat des plantes ranimées.   **Blin de Sainmore**.

PLUME. Une plume exercée habilement rassemble
Ces termes qui surpris et charmés d'être ensemble,
D'un hymen favorable empruntant le secours,
Fécondent la pensée, échauffent le discours (3).   **Millevoye**.

POINTE. La vie est difficile; il y faut emporter
Tout à la pointe de l'épée.

POMPE. Vois ces doubles canaux où les eaux rassemblées
Pour jaillir en torrent, à grand bruit sont foulées.
Si le feu, dans la nuit, irrité par les vents,
Se roule en tourbillons dans les palais brûlants,
Mille fleuves soudain s'élancent jusqu'au faîte,
L'onde combat la flamme et sa fureur s'arrête.   **Delille**.

POUSSIÈRE. La mort est l'instant fortuné
Où de son corps grossier secouant la poussière,
L'âme court se rejoindre au dieu de la lumière (4).   **Gilbert**.

(1) Pégase.
(2) Apologue, catalogue, décalogue, prologue, monologue, dialogue, épilogue.
(3) Rhume, légume.
(4) Cimetière, derrière.

PROPHÉTIE. Plus d'une prophétie annonça le Sauveur.

PROVINCE. La province est, sans doute un singulier séjour;
Car on y dort la nuit; on s'y fait un délice
Du travail; promener est même un exercice.
Les fils, dans la province, honorent leurs parents.
On n'imagine pas tout savoir à vingt ans;
On n'y prodigue point, non plus, le nom d'aimable,
Et pour le mériter il faut être estimable. COLLIN-D'HARLEV.

PRUNELLE. Au fonds de son orbite, éclate la prunelle;
Un doux voile se forme et s'entr'ouvre autour d'elle (1). COLAR.

QUENOUILLE. Déjà la laine enlevée au belier
Vient occuper les doigts de la bergère,
Et la matrone à l'ombre du foyer
Coiffe de lin la quenouille légère. LÉONARD.

QUEUE. Dans ses hardis travaux le peuple des castors
Étale de l'instinct les plus riches trésors.
Quatre dents, ou plutôt quatre terribles scies,
Qu'en un tranchant acier la nature a durcies,
Et sa queue applatie, et ses agiles doigts,
Voilà de ses travaux les instruments adroits. DELILLE.

RÉCOLTE. De pommes couronnée,
Pomone vient remplir l'attente de l'année.
Des rameaux ébranlés, je vois le fruit pleuvoir,
Je vois l'amas vermeil grossir dans le pressoir,
Les cuves, les tonneaux et la meule pesante
Qui broie en tournoyant la récolte odorante. CASTEL.

RIDE. Les rides quelquefois devancent la vieillesse (2).

RONCE. La ronce aux traits aigus comme un garde fidèle,
Dans différents quartiers se pose en sentinelle,
Détourne avec ses dards l'approche du troupeau,
Et des arbres naissants protège le berceau (3). CASTEL.

(1) Libelle, modèle, zèle.
(2) Acide, fluide, guide, liquide, solide, suicide, vide.
(3) Quinconce.

ROSE. La rose te sourit à travers ses boutons.   BOISJOLIN.

RUCHE. (Voyez le mot Abeilles.)

SAILLIE. Fille de l'à-propos, la saillie est plus vive. LEBRUN.

SANGLE. Pour mieux courrir la poste on se ceint d'une
[sangle (1).

SECTE. Les sectes, mon ami, sont filles de l'erreur (2).

SERPE. Que la serpe aussitôt par sa rigueur utile,
Fasse tomber la branche importune ou stérile.   CASTEL.

SÈVE. La sève, en ses canaux, utilement active,
Circule dans le tronc, au printemps plus active;
Et, principe de vie, ardente à fermenter,
L'anime, le féconde et le fait végéter (3).   DULARD.

SOURCE. Admirez donc cette source folâtre
Qui du haut du rocher, tombe, jaillit par bonds,
Fait resplendir l'azur de ses flots vagabonds,
Serpente, se divise, abreuve la verdure,
Et les fleurs, de sa rive ondoyante parure. BAOUR-LORMIAN.

SYLLABE. Chaque syllabe mesurée,
Par sa courte ou lente durée,
Contribue aux plus doux accords (4).   L. RACINE.

SYNTAXE. Qu'en vos écrits la langue révérée,
Dans vos plus grands excès vous soit toujours sacrée.
S'il en enfreint les lois, l'auteur le plus divin
Est toujours, quoi qu'il fasse, un méchant écrivain (5). BOIL.

TABLE. Une gaieté piquante est l'âme de la table (6). LEBRUN.

TÉNÈBRES. J'aime à m'ensevelir dans l'horreur des ténèbres.
COLARDEAU.

(1) Angle.
(2) Insecte, dialecte.
(3) Glaive, rêve,
(4) Monosyllabe, etc., crabe, astrolabe.
(5) Axe.
(6) Cable, râble, sable.

TERRE. Cinq terres, si j'en crois tous nos Plines nouveaux,
Se trouvent sous nos pas : l'une fille des eaux,
Et des marbres divers, origine féconde,
Naquit des vieux débris des habitants de l'onde.
Tout acide l'altère, et sous la main des arts,
Son limon détrempé cimente nos remparts.
La baryte pesante écoutant d'autres lois,
Aux acides s'unit des nœuds les plus étroits.
La fine magnésie est lente à se dissoudre ;
D'une molle farine, elle imite la poudre.
Des plus ardents fourneaux peut endurer les feux ;
Sa douceur plait au tact, et sa blancheur aux yeux.
L'argile, de l'alun cette source féconde,
S'endurcissant au feu, se pétrissant dans l'onde.
Toujours douce au toucher, mais non pas au palais,
D'acides altérée, est séchée en feuillets.
  Enfin vient la silice, au tact moins agréable,
Aux acides divers constamment intraitables.
En vain notre art, contre elle arme les sels mordants,
Son rebelle tissu brave tous les fondants (1).   DELILLE.

TÊTE. Celui pour qui Dieu fit tant de biens précieux,
L'homme élève un front noble et regarde les cieux (2). RAC. J.

TOILE. Voyez d'un faible lin naître un tissu solide ;
Dans sa trace suivez la navette rapide,
Qui parcourt en volant un dédale de fils (3).   TALBERT.

TOISE. Le mètre est à peu près la moitié de la toise.

TONNE. Sous des pieds vigoureux les raisins sont foulés.
Le jus coule à grands flots ; captive dans la tonne,
La fumeuse liqueur frémit, monte, bouillonne (4).   ROSSET.

TOUFFE. Si l'occasion vient, prenez-la par la touffe,
Bien au dessus du front, où vous ne l'aurez plus.

(1) Cimeterre, lierre, parterre, tonnerre, verre.
(2) Faîte, squelette.
(3) Poêle, voile.
(4) Trône, octogone, exagone, etc., prône, trône, automne.

TRACE. La gloire fuit et s'efface
En moins de temps que la trace
Du vaisseau qui fend les mers,
Ou de la flèche rapide
Qui loin de l'œil qui la guide,
Cherche l'oiseau dans les airs (1).   J.-B. ROUSSEAU.

TRUFFE. Passagère faveur dont j'avais grand besoin,
L'abondance est unie à la délicatesse,
La truffe a parfumé la poularde de Bresse.   BERCHOUX.

TUBÉREUSE. Plante dans ton jardin, l'œillet, la tubéreuse,
La rose, le lilas, le muguet, le jasmin.

TYPOGRAPHIE. D'abord d'un art naissant le grossier inventeur,
Sur le bois sillonné, gravait avec lenteur;
Et, par l'acier tranchant la parole tracée,
Après de longs efforts exprimait la pensée;
Bientôt, sans emprunter le secours du burin,
On peignit tous les sons par un mobile airain,
Secret ingénieux, art utile à la terre,
Qui fait aux préjugés une éternelle guerre.   THOMAS.

URNE. Dans un bosquet ombreux et solitaire,
Sous des cyprès, témoins de mes douleurs,
Je te consacre une urne cinéraire,
Que tous les jours je baignerai de pleurs (2).   PONENCEREL.

VALSE. L'orchestre enfin soupire une molle cadence,
On attendait la valse et la valse commence.   VIGÉE.

VERGUE. Ces vaisseaux sont bien près, les voilà vergue à
(vergue (3).

VERVE. Pour écrire attendez que vous soyez en verve.

VINDICTE. On évite souvent la vindicte publique,
Mais nul n'évitera les jugements de Dieu.

(1) Parnasse.
(2) Saturne, cothurne.
(3) Exergue.

DEUXIÈME SÉRIE.

Terminaisons masculines en E muet.
(Exceptions déjà indiquées.)

L'AGRICULTURE. L'agriculture est l'art de cultiver la terre, de la fertiliser, de lui faire produire les graines, les fruits, les plantes et les *arbres* qui servent aux besoins de l'homme. Cet art embrasse aussi celui de multiplier les animaux utiles et de veiller à leur conservation.

Le succès de l'agriculture dépend d'une infinité de travaux. Le **chaumage**, le **labourage**, le **hersage**, le **chaulage**, indiquent une série d'opérations connues qui ont toutes leur importance. Nos lecteurs comprennent à merveille ce qu'il faut entendre par l'**échenillage**, et l'**élagage**. Que d'autres soins encore ! le **clayonnage** pour prévenir les éboulements ; le **fanage** après le **fauchage**, afin que le **fourrage** se dessèche, et ensuite le **bottelage.** Que dirai-je du **glanage** après la moisson et du **chariage** des gerbes et du **battage?** Ne faut-il pas bientôt s'armer du *crible*, pour séparer le bon grain des ordures qui peuvent rester encore, couper le *chanvre* et s'occuper du **rouissage?** Le **laimage** et le **laitage** sont la source d'importants revenus. Il faut donc que l'agriculteur porte son attention sur le **nourrissage** des bestiaux; qu'il n'envoie pas ses vaches dans toutes sortes d'**herbages**; qu'il choisisse ses **pâturages**; qu'il fixe les lieux pour le **parcage**. Mais toutes ces choses il ne peut pas les exécuter seul : et à quelque titre qu'il exploite sa terre il est bon qu'il ait une nombreuse famille. Qu'il n'oublie jamais qu'il ne pourra porter avec honneur les charges qui pèsent sur lui que par la bonne conduite, l'économie et l'activité.

Commerce. On entend par *Commerce*, le trafic, le *négoce*, des marchandises soit en gros, soit en détail. Il reçoit différents noms selon la manière dont il s'exerce. Le **brocantage** consiste à acheter, à revendre ou à troquer des marchandises de hasard. Le **change**, à faire tenir d'une ville à l'autre, de l'argent, moyennant un **bénéfice** convenu; le **courtage**, à s'entremettre, moyennant une prime, pour la vente ou l'achat de certaines marchandises. L'**échange**, on le voit, est le fondement de cette profession la plus utile de toutes après l'agriculture, qui, la première, a besoin de son appui. Mais l'**agiotage**, ce profit usuraire sur une promesse, sur un billet, pour le convertir en argent comptant, le trafic des effets publics est l'une des plus grandes hontes de la société. Le *monopole*, le **privilège** donné, soit à l'État, soit à quelques individus de vendre ou d'acheter, ne s'accorde ni avec nos idées ni avec nos mœurs. L'amour du *lucre* doit se renfermer dans de certaines limites.

Si un négociant ne fait pas exactement son *compte*, s'il ne calcule pas ce qu'il a payé pour l'**emballage**, le **roulage**, le **magasinage**, pour les **gages** de ses employés, pour le **rechange** des lettres de **change** protestées, au lieu des **avantages** qu'il se promettait, il essuyera de grands **préjudices**. Il faut qu'en faisant un *décompte*, la supputation des sommes qu'il doit rabattre sur celles qui lui sont demandées, il évite les *mécomptes*, les erreurs qui nuiraient à sa réputation ou à ses intérêts. S'il néglige de faire rentrer les **arrérages**, ce qui est dû, ce qui est échu de ses revenus, s'il ne s'éclaire pas sur la valeur des monnaies étrangères, sur *l'aspre* des turcs, le *rouble* des russes, il traitera avec **désavantage**, il devra s'attendre à quelque **désastre**, il perdra sa position et pour vivre, il sera peut-être réduit à prendre *l'éventaire*, le plateau d'osier pour vendre des fruits, des **herbages**, ou des poissons.

MARINE. Nous voici sur une hauteur. Nous apercevons vis-à-vis de ce *golfe* un grand nombre de *navires*. Prenez ma longue-vue et regardez le timonier à son **habitâcle**. Ce **bastingage**, ces toiles matelassées tendues autour du platbord annoncent que le vaisseau s'apprête au combat. Son **cinglage**, sa marche à pleines voiles me confirme dans cette pensée. Oui, vraiment tout l'*équipage* est à son *poste*. Et mais, le vaisseau qui le poursuit vient de doubler le cap derrière lequel il était au *mouillage* dans un *hâvre* excellent dont il s'est emparé. Il approche, son *bordage* paraît solide. Le *clapotage* de la mer, ces lames qui se pressent de tous côtés ne favorisent pas la fuite du premier qui aura bien de la peine à éviter l'*abordage*. Vainement il veut tenter l'*embossage* et présenter le travers; il n'y est plus à temps. Quelle épouvantable bordée! Le *démâtage* est complet. Les *cordages* ont été coupés. Les *cables* sont hâchés. Il n'y aurait plus que l'*échouage*, mais il n'y doit pas songer. Le malheureux vient d'amener et voilà déjà l'embarcation chargée de l'*amarinage*, du remplacement de l'*équipage*.

Voulez-vous que nous descendions au port, que nous allions au *mouillage*, à l'endroit où les navires jettent l'ancre. Vous y verrez beaucoup de choses qui vous intéresseront. Vous pourrez vous y faire une idée de l'*arrimage*, de l'arrangement de tout ce qui entre dans un vaisseau; du *lestage*, des choses pesantes que l'on met au fond du bâtiment pour lui donner une assiette solide. Le mouvement qu'occasionnent l'*amarrage* et le *démarrage* est un spectacle assez divertissant. Mais vous considérerez surtout avec intérêt le travail des ouvriers occupés, les uns, au ***carénage,*** à coucher le navire de côté pour qu'on puisse en voir la quille, les autres, au ***calfetage***, à boucher avec des étoupes et du goudron les fentes qui se trouvent aux jointures du ***bordage*** ou des ***membres***, d'autres au ***doublage***, à revêtir de planches ou de feuilles de cuivre les parties qui s'enfoncent dans l'eau.

Demain vous pourrez être témoin d'un ***appareillage***, vous verrez réunir les manœuvres pour mettre à la voile. L'***amatelotage*** qui est déjà prescrit, le soin qu'on a eu de mettre deux à deux les matelots pour que l'un se repose, quand l'autre fait le quart, prouve que le départ est prochain. Voyez quel mouvement au ***débarcadère*** et à l'***embarcadère***, à cette jetée qui, du rivage, s'avance un peu dans la mer! Voyez-vous là bas ce *dogre*, cet *interlope* et ce *lougre* qui font force de voiles pour échapper à un *corsaire ?* L'***atterrage*** est tout près. Les voilà en sûreté; l'***atterrissage*** a parfaitement réussi.

Vraiment je ne suis pas étonné de la chèrté du ***passage*** et du ***naulage*** quand je songe aux dangers que courent les marins, sans compter les **naufrages** qui doivent être fréquents. Les armateurs sont écrasés de frais. Leur vaisseau veut-il avoir la faculté de se servir d'un quai, il paye le **quayage** ; entre-t-il pour la première fois dans un port, il est soumis au **quillage.** Le capitaine a parfois de bonnes aubaines, il reçoit le **primage**. Mais les pauvres matelots supportent le **manéage,** ils chargent et déchargent gratuitement les marchandises.

RELIGION. 1. Il existe un Dieu. Le **Théisme** reconnaît cette grande vérité. Le **Déisme** l'admet, tout en rejettant la révélation. Le **Fatalisme** lui-même, qui soumet tout au destin, ne la repousse pas. Vainement on dirait que le **Polythéisme**, en plaçant partout des divinités et le **Panthéisme** en divinisant l'univers qu'il appelle le grand tout, la détruisent. Le **Fétichisme** des nègres la proclame devant ses idoles, et le **Druidisme** la célébra dans ses forêts. Qu'auraient donc annoncé les *laraires*, le *culte* des *Lares* et des **Pénates?** Que pouvaient signifier les *arcanes* et les **mystères?** Pourquoi partout des *sacerdoces*, des *augures* et des *aruspices?* Pourquoi les *hyérogliphes*, les *mythes* et les **dogmes?** Pourquoi des *temples*, des *sanctuaires* et des **tabernacles?** Pourquoi enfin tous ces *rites*, tous ces **sacrifices** et les *tauroboles* et les **holocaustes?** Si l'on croyait que l'homme mourait tout entier d'où venaient les honneurs rendus aux morts, les *hypogées*, les *cénotaphes*, les *catafalques*, les *mausolées?* A quoi bon ce **lacrymatoire** déposé dans le tombeau ? Pourquoi notre respect pour le *cimetière*? Qui fitnaître les idées de rémunération? Qui inventa l'*Erèbe*, le *Ténare*, le *Tartare*, l'*Elisée*? Pourquoi croyons-nous aux *limbes*, au **purgatoire**, à l'**enfer**, au *paradis*? Les **emblêmes**, les **anathêmes**, les **exorcismes**, ne seraient-ils donc que le fruit d'une aveugle superstition? Loin de nous ce **blasphême**, ce **sacrilège**. A défaut de la croyance universelle, car le **Matérialisme** est la doctrine des scélérats et des fous, n'avons-nous pas la révélation?

II. Le **Christianisme**, la religion du Christ, telle qu'elle est exposée dans l'**Evangile**, réglée par le *symbole*, expliquée par les **conciles**, est la seule sainte, la seule vraie. Elle est catholique, c'est-à-dire, universelle embrassant tous les temps et tous les lieux. Le **Catholicisme** commence, en effet, à la création et doit se perpétuer jusqu'à la consommation des *siècles*. Le **Figurisme** trouve sans peine daus les événements de l'ancien Testament comme des figures de ceux du nouveau, et fidèle à l'invitation du *Messie* l'Eglise a envoyé et envoie dans toutes les contrées des *missionnaires* chargés de répandre partout la divine parole.

III. Mais pourquoi, ô mon Dieu, tant d'erreur dans le monde. Le **Rabbinisme** dénature les *livres* saints et y mêle toutes les fables d'une imagination en délire. Le **Mahométisme** croit aux impostures de Mahomet, de ce fourbe qui mutile avec le *sabre* le **Judaïsme**, le **Christianisme** et toutes les doctrines de l'Orient pour former des lambeaux qui lui conviennent un *code* monstrueux.

IV. Hélas! dès le berceau, l'Eglise et déchirée par le **Schisme** et par l'hérésie. Le **Manichéisme** admet deux *principes*, lebon et le mauvais; la lumière et les ténèbres; l'**Arianisme** nie la divinité du Sauveur et le **Pélagianisme** le péché originel. Il y a quelques siècles seulement le **Protestantisme**, appelé, en France, **Huguenotisme**, n'a-t-il pas arboré son sinistre étendard? Ses adeptes divisés n'ont-ils pas fondé avec leurs *prêches* et leurs *synodes*, et leurs *conciliabules*, ici le **Calvinisme**, là le **Luthéranisme**, ailleurs l'**Illuminisme**, plus loin le **Presbytérisme**; ça et là le **Puritanisme**.

V. Nous faut-il rappeler les maux que l'**Intolérantisme** et le **Fanatisme** ont faits à la religion? Les effets non moins affligeants de ce *zèle* hypocrite que les juifs appelaient **Pharisianisme**? Le **Tolérantisme** avec sa lâche indifférence pour toutes les idées n'a-t-il pas, lui aussi, agrandi, envenimé nos plaies? L'impiété si ingénieuse dans ses attaques contre les sentiments les plus respectables, les pratiques les plus saintes; accuse de **papisme** quiconque croit à la puissance du **trirègne**, à l'autorité du **conclave**, se soumet au **monitoire**; d'**ultramontisme** quiconque a reçu les *ordres* sacrés ou entre dans un *séminaire*; de **béguinage** celui qui porte un *suaire*, un *scapulaire*, un *reliquaire*, un *rosaire*; de **bigotisme** celui qui se prosterne devant le saint-**Ciboire** qui, s'arme du cierge pour accompagner le *viatique*, qui traverse l'*auditoire*, soit au *prône*, soit au *sermon*, quêtant pour le *luminaire*; de **cagotisme** celui qui fait des *soliloques*, qui ne mange de la viande qu'au **charnage**, observe le *jeûne*, présente le **purificatoire** ou chante l'**invitatoire**, l'antienne du *Venite exultemus;* de **Monachisme**, enfin, celui ou celle qui prend le *cilice* ou le *voile* et va dans un **cloître** chercher un **asile** contre les passions.

VI. Insensés! pourquoi ces mots de **jansénisme**, de **jésuitisme**, de **molinisme**, de **quiétisme** que vous ne comprenez pas, sont-ils toujours dans votre bouche? Avez-vous assisté aux délibérations du **discrétoire**, pour accuser ainsi les saintes retraites que la religion offre à toutes les douleurs. Oh! faites un **pélerinage**, visitez quelque **ermitage** pour échapper aux idées qui vous égarent et vous vous souviendrez que vous fûtes régénérés par le **baptême** que votre front fut oint du **saint-chrême**, et vous reconnaîtrez que les vérités de votre foi ont été scellées par assez de *martyres*, ont été prouvées par assez de **miracles.**

GRAMMAIRE. La grammaire est la connaissance des règles établies pour bien parler et pour bien écrire dans une langue. La langue d'un *peuple* est la réunion de tous les mots, de toutes les combinaisons des mots que ce peuple emploie pour manifester ses pensées. La langue française a dix espèces de mots, le substantif, l'*article*, l'adjectif, le pronom, le *verbe*, le *participe*, l'*adverbe*, la préposition, la conjonction et l'interjection. Quand, en prononçant un mot, on ne fait entendre qu'un son, ce mot est un *monosyllabe*. Un mot est un *dyssillabe*, un *trissylabe*, un *tétrasyllabe* si en le prononçant on fait entendre deux, trois, quatre syllabes. On donne le nom général de polysyllabes aux mots qui en ont plus de deux.

Si vous voulez bien parler oubliez les *dialectes*, les langages particuliers des villes et des provinces. Évitez surtout les **barbarismes**, les mots inconnus et inusités, et les **solécismes**, les combinaisons de mots réprouvées par l'***usage***. L'***archaïsme***, les manières de parler empruntées aux anciens, ne réussit qu'aux hommes d'un goût sûr. Le **néologisme**, l'affectation de se servir de mots nouveaux est la ressource de la médiocrité. Si vous imitez des tournures propres aux Anglais, aux Gascons, aux Germains, aux Hébreux, aux Italiens, aux Latins, vous tombez dans l'**anglicisme**, dans le *gasconisme*, dans le *germanisme*, dans l'*hébraïsme*, dans l'*italianisme*, dans le *latinisme*. Que vous seriez heureux si vous pouviez toujours donner à votre style la pureté, la correction, les grâces de l'*atticisme*, ou, à défaut, avoir le mérite du *laconisme*, une brièveté vive et sentencieuse. Le *purisme* est une affectation de pureté qu'un écrivain sensé ne se permet pas. Le *néographisme*, en substituant une nouvelle orthographe à l'orthographe établie nous empêcherait de retrouver l'étymologie. Parce que deux mots se prononcent de la même manière, il ne suit pas qu'ils aient la même signification, ils ne sont qu'*homonymes* ou *paronymes*. Parce que deux mots expriment une idée commune, parce qu'ils sont *synonymes*, il ne faut pas les employer indifféremment l'un à la place de l'autre. Un *terme* est toujours plus propre qu'un autre à exprimer une idée. Et à propos de synonymes, ne les accumulez pas dans vos discours, ce *datisme* est ennuyeux. Soyez sobre de *pléonasmes*; si la pensée n'y doit gagner ni plus de force ni plus de grâce, pourquoi emploiriez-vous plus de mots que n'en exige le sens. Comme nous avons moins de mots que d'idées nous sommes souvent obligés de détourner les mots de leur signification propre pour leur en donner une autre qui a néanmoins quelque rapport avec celle-là. Cet *artifice* reçoit le nom de *trope*.

Si vous prenez un *texte* français et que vous le traduisiez n'importe dans quel **idiome**, vous faites un **thême**. Mais cet exercice ne devrait être imposé, au moins pour le grec et le latin, qu'aux enfants qui possèdent très bien le *paradigme* des déclinaisons avec tous leurs cas et des conjugaisons avec tous leurs *modes*.

BIBLIOTHÈQUE. C'est donc là que vous avez rangé vos *livres*; c'est là votre bibliothèque. Une Bible en plusieurs TOMES! L'*exode*, le *lévitique*, les *nombres*, le DÉTEURONOME; mais le *pentateuque* a cinq parties et je n'en vois que quatre. L'*ecclésiaste* est bien; mais il y manque le FRONTISPICE. Ce *Machabée* n'est pas mal; ce *paralipomènes* non plus. Je suis content de votre ÉVANGILE. Il faut que ce soit là l'HÉRITAGE de quelque curé. J'aperçois un CATHÉCHISME, un *bréviaire*, un EUCOLOGE, deux *exemplaires* du COMMENTAIRE du *décalogue*, l'indict, le *catalogue* des *livres* conservés, un *sermonnaire*, un MARTYROLOGE, un MÉNOLOGE même! Quelle idée d'avoir un calendrier grec! Le *formulaire*, le bref contre Jansénius. A ce qu'il paraît, le bon vieux bonhomme a fait l'école. Ce *syllabaire* me le fait soupçonner; ce REGISTRE me le confirme; ce *rôle* me le prouve. Un *vocabulaire*, un *dictionnaire*, un *lexique*; il s'occupait donc du grec; que faisait-il de ce *dispensaire*? Est-ce qu'il se mêlait de médecine? Mais j'aurai plus tôt fait en lisant le RÉPERTOIRE *Analectes*, fragments choisis. *Annuaire*, cela n'est bon que pour une année. *Apographe*, il s'amusait à copier. Appendice, c'est le supplément d'un ouvrage. *Catalectes*, recueil de fragments, de morceaux détachés. *Epitome*, ce n'est qu'un abrégé, moins que rien. *Héxaples* d'Origène, six versions grecques de la Bible. *Miscéllanées*, mélanges de science et de littérature. Nécrologe, ouvrage consacré à la mémoire des hommes célèbres morts récemment. *Opuscule*, petit ouvrage de science ou de littérature. Allons, j'en reste là, je ne vois rien de fort curieux. Je parie que le défunt n'a pas dépensé beaucoup pour le brochage, pour le cartonnage; c'est si grossièrement travaillé qu'il doit l'avoir fait lui-même.

VICES ET DÉFAUTS. C'en est fait, je ne veux plus voir personne et je vivrai seul chez moi. L'un m'ennuye par son baragouinage et par son tortillage, il me parle et je ne le comprends pas; l'autre m'accable de son parlage, de son babillage de son bavardage, il parle à propos de rien et ne dit jamais que des choses vaines et frivoles. Ce vieillard m'excède par son rabachage et son radotage, il revient souvent et inutilement sur ce qu'il a dit : il tient des discours, des propos qui sont sans suite, dénués de raison et de bon sens. Celui-ci me tue par son verbiage et par son pédantisme, c'est un déluge de paroles insignifiantes qu'il débite avec un ton et avec un air qui ne conviennent qu'à des pédants; celui-là me révolte par son ÉGOÏSME et son PATELINAGE ; il ne songe qu'à lui et toutes ses expressions sont empreintes d'une insinuation artificieuse destinée à servir ses intérêts. Qu'irais-je donc faire dans le monde ? Je n'y trouverais que des femmes et des hommes sans cervelle qui aiment le CAILLETAGE et le COMMÉRAGE, les sottes causeries et les nouvelles du quartier. Il faudrait avoir des oreilles faites tout exprès pour résister au CLABAUDAGE, aux éternelles et vaines criailleries. Que dirai-je des *caprices*, des fantaisies et des boutades auxquelles on est exposé ? du CHARLATANISME de tant de gens qui tâchent de vous amadouer, de vous tromper par des flatteries ; du TATILLONAGE de tant d'autres qui toujours et mal à propos entrent dans les plus petits détails ; du TABARINAGE, des bouffonneries de ceux-ci, du PERSIFFLAGE, du faux air ingénu avec lequel ceux-là paraissent vous flatter ? Si vous demandez un service, attendez-vous au BARGUIGNAGE ; on vous marquera qu'on est embarassé pour se déterminer. On vous reprochera peut-être du LANTIPONNAGE, on prétendra que vos discours sont frivoles et importuns. On ne voit partout que des *ridicules*, des *vices*, des CRIMES mêmes. On gémit, ici, sur un CONCUBINAGE, sur un INCESTE ; là, sur un *homicide*, sur un *infanticide*, sur un *parricide* ; il reste à peine dans la société quelques VESTIGES des anciennes mœurs.

PHILOSOPHIE. Un homme dit : j'ai un *principe* et, sur ce principe, il fait un raisonnement qu'il manifeste au moyen d'un SYLLOGISME, d'un ENTHYMÈME, d'un ÉPICHÉRÈME, d'un *sorite.* Qu'importent les noms et les formes de ces arguments, s'ils sont tous contraires à la vérité, si, dans chacun d'eux, je trouve ou un SOPHISME, ou un PARALOGISME, ou un PARADOXE. La vérité est une et, pourtant, ceux qui prétendent la servir se déchirent les uns les autres ! Pourquoi donc tant de doctrines, tant de SYSTÈMES ? Ton STOÏCISME, o Zénon, place la sagesse dans la fermeté et l'insensibilité. Ton SENSUALISME, ô Epicure, trouve le bonheur dans une mollesse voluptueuse. Tandis que tu proclames l'OPTIMISME, que tu vas criant tout est bien, ton voisin soutient le PESSIMISME et te répond que tout est mal. Le CYNISME est impudent. Le SCEPTICISME, le PYRRHONISME doute de tout. Le NATURALISME voit le premier *principe* dans la nature. Le SPINOSISME déclare que Dieu est une force répandue dans l'univers. O honte ! ô déplorables effets de l'abus de la philosophie ! toutes ces conceptions du PHILOSOPHISME jetteraient notre esprit dans un *labyrinthe* inextricable, si la saine philosophie, si le PÉRIPATÉTISME d'Aristote, en observant tout, si le CARTÉSIANISME, en marchant au vrai par un *doute* prudent, si l'ÉCLECTISME en cherchant, dans les divers systèmes, les opinions les plus vraisemblables, n'étaient là pour nous diriger.

RHÉTHORIQUE. La rhéthorique est l'art de bien dire. L'orateur doit toujours soigner son

STYLE, donner un ton, une couleur convenable à toutes les parties de son discours. Son début, son *exorde* qui sert à préparer l'AUDITOIRE et à l'instruire de l'état de la question mérite particulièrement son attention. Mais que d'ennuyeux rhéteurs s'aliènent tout d'un coup la bienveillance par un ridicule *préambule*! C'est ou du BOURSOUFLAGE, une enflure détestable, ou du MARIVAUDAGE, un puérile raffinement d'idées et d'expressions. Lisez, lisez souvent nos belles oraisons funèbres et nos beaux *panégyriques*. Voilà l'école où vous devez chercher à vous former. Vous y verrez dans quelle circonstance on peut se servir du SARCASME, d'une raillerie amère et insultante; dans quelle autre, au contraire, il faut, par l'EUPHÉMISME déguiser à l'imagination des idées qui sont ou peu honnêtes, ou tristes, ou dures. Vous y jugerez de l'effet que produit l'ÉPIPHONÈME, une simple exclamation à la fin du récit, une courte réflexion sur le sujet; de l'impression causée par les *contrastes*, par l'opposition des idées, des CARACTÈRES, des tours. Vous y apprendrez par vos propres émotions ce que c'est que le *pathétique*, comment, par la parole on parvient à toucher, à agiter le cœur des autres hommes. Le *dialogisme*, l'emploi des formes du *dialogue* est souvent très-heureux. Mais que de gens, munis d'un DIPLÔME, ayant obtenu des *grades* dans les facultés, ne se tireraient pas avec honneur d'un *colloque*, d'un simple entretien.

POÉSIE. La poésie est un **langage** mesuré qui peint et anime tous les objets. Chez les anciens, les syllabes avaient une quantité déterminée. Elles étaient ou longues ou brèves, et ces syllabes, lorsqu'on les réunissait, formaient ce qu'on était convenu d'appeler des pieds.

Les pieds de trois syllabes étaient ou des *dactyles* une longue et deux brèves, ou des *anapestes*, deux brèves et une longue.

Les pieds de deux syllabes étaient ou des *spondées*, deux longues; ou des *trochées*, une longue et une brève; ou des *iambes*, une brève et une longue; ou des *chorées*, deux brèves.

Il y avait encore des pieds de quatre syllabes qu'on appelait ou *dispondées*, quatre longues; ou *dichorées*, quatre brèves; ou *choriambes*, deux brèves entre deux longues.

Les vers étaient un **assemblage** de pieds dont le nombre, la nature, et pour quelques-uns, la place étaient déterminés.

Le **dimètre** avait deux pieds; le **trimètre**, trois; le **tétramètre**, quatre; le **pentamètre**, cinq; l'**hexamètre**, six.

La combinaison des différentes espèces de vers produit une harmonie qu'on appelle **rhythme**.

Deux vers de mesures inégales composent un *distique*. Le plus petit **ouvrage** de poésie est nécessairement le *monostique* qui n'a qu'un seul vers.

L'*athénée* était le lieu où les poètes lisaient leurs **ouvrages**.

La tragédie était le **spectacle** pour lequel les Grecs avaient une véritable passion. L'acteur paraissait sur la scène, les pieds chaussés du *cothurne* et le **visage** couvert d'un *masque* reproduisant les traits du héros qu'il représentait. La tragédie était un **drame** divisé en *actes*, séparés par des *entr'actes*, dans lequel se trouvaient souvent des *épisodes* ou faits particuliers se rapportant au fait principal. La France est, elle aussi, justement fière de son **théâtre**, admirable dans le *tragique*, sans rival dans le *comique*. Mais pourquoi l'*intermède* vient-il me distraire par ses danses et par ses chants? Pourquoi le **mélodrame** me fait-il, tout à la fois, et rire et pleurer? J'aime mieux l'esprit et la gaîté du **vaudeville**. Bon La Fontaine, l'*apologue* aurait suffi à ta gloire. J. B. Rousseau, tes odes, tes *cantiques*, ces *hymnes* sacrés, divin écho des psaumes de David, ont toute la chaleur, tout l'**enthousiasme** du *Dithyrambe*. Oh! lisons ces grands maîtres et laissons aux intelligences vulgaires et frivoles l'obscur ou ennuyeux **prosaïsme** de l'*acrostiche*, du *logogryphe*, de l'**épithalame**, du **tautogramme** et de l'*épilogue*.

Sans que nous le disions, nos lecteurs verront bien que les vers français de douze syllabes se composent de deux **hémistiches** ou moitiés de vers.

ARITHMÉTIQUE. L'arithmétique est la science des *nombres*. On entend par nombre l'assemblage de plusieurs unités, c'est-à-dire, de plusieurs objets égaux ou considérés comme égaux. De un à neuf le nombre de ces objets est représenté par l'un des signes suivants appelés chiffres 1, 2, 3, 4, 5, 6, 7, 8, 9, répondant aux idées exprimées par les mots, un, deux, trois, **quatre**, cinq, six, sept, huit, neuf.

Les collections de dix unités ou dizaines, sont représentées par les mêmes chiffres, mais placés au second rang vers la gauche, ainsi 10, 20, 30, 40, 50, 60, 70, 80, 90 signifient une dizaine ou *dix*, deux dizaines ou *vingt*, trois dizaines ou *trente*, quatre dizaines ou *quarante*, cinq dizaines ou *cinquante*, six dizaines ou *soixante*, sept dizaines ou *septante* ou soixante-dix, huit dizaines ou *huitante* ou quatre-vingt, neuf dizaines ou *nonante* ou quatre-vingt-dix. Le signe 0 qui est placé après les chiffres 1, 2, 3, 4, 5, 6, 7, 8, 9, s'appelle zéro; il tient la place des unités qui manquent; mais si aux dizaines se trouvaient réunies des unités, le zéro serait remplacé par le chiffre indiquant le nombre de ces unités, ainsi 11, 12, 13, 14, 15, 16, 17, 18, 19 signifient une dizaine et une unité ou onze, une dizaine et deux unités ou douze, une dizaine et trois unités ou treize, une dizaine et quatre unités ou quatorze, une dizaine et cinq unités ou qninze, une dizaine et six unités ou seize, une dizaine et sept unités ou dix-sept, une dizaine et huit unités ou dix-huit, une dizaine et neuf unités ou dix-neuf. Par une raison semblable 21, 22, 23, 24, 25, 26, 27, 28, 29 signifieront vingt-un, vingt-deux, vingt-trois, vingt-quatre, vingt-cinq, vingt-six, vingt-sept, vingt-huit, vingt-neuf. 31, 32, 33, 34, 35, 36, 37, 38, 39 signifieront donc trente-un, trente-deux, trente-trois, trente-quatre, trente-cinq, trente-six, trente-sept, trente-huit trente-neuf; 41, 42, 43, 44, 45, 46, 47, 48, 49 exprimeront les nombres quarante-un, quarante-deux, quarante-trois, quarante-quatre, quarante-cinq, quarante-six, quarante-sept, quarante-huit, quarante-neuf; 51, 52, 53, 54, 55, 56, 57, 58, 59 représenteront cinquante-un, cinquante-deux, cinquante-trois, cinquante-quatre, cinquante-cinq, cinquante-six, cinquante-sept, cinquante-huit, cinquante-neuf; 61, 62, 63, 64, 65, 66, 67, 68, 69, soixante-un, soixante-deux, soixante-trois, soixante-quatre, soixante-cinq, soixante-six, soixante-sept, soixante-huit, soixante-neuf; 71, 72, 73, 74, 75, 76, 77, 78, 79, soixante et onze, soixante et douze, soixante et treize, soixante et quatorze, soixante et quinze, soixante et seize soixante et dix-sept, soixante et dix-huit, soixante et dix-neuf; 81, 82, 83, 84, 85, 86, 87, 88, 89. quatre-vingt-un, quatre-vingt-deux, quatre-vingt-trois, quatre-vingt-quatre, quatre-vingt-cinq, quatre-vingt-six, quatre-vingt-sept, quatre-vingt-huit, quatre-vingt-neuf et enfin 91, 92, 93, 94, 95, 96, 97, 98, 99 quatre-vingt onze, quatre-vingt douze, quatre-vingt treize, quatre-vingt quatorze, quatre-vingt quinze, quatre-vingt seize, quatre-vingt dix-sept, quatre-vingt dix-huit, quatre-vingt dix-neuf.

Les collections de dix dizaines ou centaines, de dix centaines ou mille, de dix mille ou dizaines de mille, de cent mille ou centaines de de mille, de dix centaines de mille ou millions, de dix millions, ou dizaines de millions, de dix dizaines de millions ou centaines de millions, de dix centaines de millions ou billions, etc., etc., sont toutes, quelles qu'elles soient, représentées par les chiffres 1, 2, 3, 4, 5, 6, 7, 8, 9. Seulement la valeur de ces chiffres est encore indiquée par la place qu'ils occupent ; s'ils désignent des centaines, ils sont au troisième rang à gauche, il faut donc trois signes pour exprimer des centaines 100, 200, 300, 400, 500, 600, 700, 800, 900 signifient donc une centaine ou cent, deux centaines ou deux cents, trois centaines ou trois cents, quatre centaines ou quatre cents, cinq centaines ou cinq cents, six centaines ou six cents, sept centaines ou sept cents, huit centaines ou huit cents, neuf centaines ou neufs cents. Si ces mêmes chiffres doivent exprimer des mille, on les place au quatrième rang, il faut donc quatre signes pour marquer des mille ainsi on devra écrire comme il suit 1000, 2000, 3000, 4000, 5000, 6000, 7000, 8000, 9000 mille, deux mille, trois mille, quatre mille, cinq mille, six mille, sept mille, huit mille, neuf mille.

Les dixaines de mille devant occuper le cinquième rang, les centaines de mille le sixième, les millions le septième, il faudra cinq signes pour écrire des dixaines de mille, par exemple, 10000, 20000, 30000, 40000, 50000, 60000, 70000, 80000, 90000 qu'on énonce dix mille, vingt mille, trente mille, quarante mille, cinquante mille, soixante mille, soixante et dix mille, quatre-vingt mille, quatre-vingt dix mille; il en faudra six pour écrire des centaines de mille et sept pour écrire des millions, ainsi 100000 signifie cent mille et 1000000, un million. Maintenant on ne se trompera pas pour lire les nombres 20000 et 200000, 30000 et 300000, 40000 et 400000, 50000 et 500000, 60000 et 600000, 70000 et 700000, 80000 et 800000, 90000 et 900000.

Si au lieu de zéros il y avait des chiffres, chaque chiffre aurait la valeur indiquée par la place qu'il occuperait, ainsi 7,503,709 s'énoncerait sept millions cinq cent trois mille sept cent neuf unités.

Quand un nombre en contient exactement un autre un certain nombre de fois, il en est le *multiple*; 4 et 6 sont donc des multiples de deux, puisque 4 contient 2, deux fois et que 6 le contient trois fois. Quand un nombre est contenu exactement dans un autre un certain nombre de fois, il en est le *sous-multiple*; 2 est donc sous-multiple de 4 et de 6. Un nombre est ou le *double*, ou le *triple*, ou le *quadruple*, ou le *quintuple*, ou le *sextuple*, ou l'*octuple*, ou le *nonuple*, ou le *décuple*, ou le *centuple* d'un autre, lorsqu'il le contient exactement ou deux fois, ou trois fois, ou quatre, ou cinq, ou six, ou sept, ou huit, ou neuf, ou dix, ou cent fois exactement.

Si je reçois 6 francs, et ensuite 4 francs, et puis 9 francs, et encore 8 francs, je vois, en ajoutant ces nombres, que j'ai reçu en tout 27 francs; or, qand on ajoute ainsi les uns aux autres des nombres de même espèce on fait une opération appelée addition et le résultat s'appelle somme.

Si ma bourse contient 10 francs et que j'en prenne 4 pour payer n'importe quoi, il ne m'en reste plus que 6; or, quand on retranche ainsi un nombre d'un autre nombre plus grand et de même espèce on fait une autre opération appelée soustraction, dont le résultat s'appelle *reste*.

Si j'ai à payer 8 ouvriers et que je doive donner à chacun d'eux 6 francs je débourserai en tout 48 francs, puisqu'il me faudra compter 8 fois 6 francs; or en agissant ainsi, je fais une opérations appelée multiplication, dans laquelle il faut distinguer trois sortes de nombres : 1° le nombre à répéter ou *multiplicande* qui est ici 6 francs ; 2° le nombre indiquant combien de fois le multiplicande doit être répété, ou multiplicateur qui est ici 8 ; 3° le produit qui est le résultat de l'opération, lequel est ici 48.

Enfin, si j'ai à partager d'une manière égale 48 francs entre 8 personnes, je ferai une opération appelée division dans laquelle 48 sera appelé dividende, 8 diviseur, et 6, nombre de fois que 48 contient 8, quotient.

Les tableaux suivants fournissent le moyen d'effectuer de mémoire les multiplications et les divisions les plus simples.

MULTIPLICATIONS.   DIVISIONS.

mul.	multiplicandes.	pr.	dividendes.		div.	quot.
2 fois	2 font	4	En 4 combien de fois 2 ?		2 fois.
2	3	6	9		3	2
2	4	8	8		4	2
2	5	10	10		5	2
2	6	12	12		6	2
2	7	14	14		7	2
2	8	16	16		8	2
2	9	18	18		9	2
3 fois	2 font	6	En 6 combien de fois 2 ?		3 fois.
3	3	9	9		3	3
3	4	12	12		4	3
3	5	15	15		5	3
3	6	18	18		6	3
3	7	21	21		7	3
3	8	24	24		8	3
3	9	27	27		9	3

mul.	multiplicandes.	pr.	dividendes.	div.	quot.
4 fois	2 font	8	En 8 combien de fois 2 ?	4 fois.	
4	3	12	12	3	4
4	4	16	16	4	4
4	5	20	20	5	4
4	6	24	24	6	4
4	7	28	28	7	4
4	8	32	32	8	4
4	9	36	36	9	4
5 fois	2 font	10	En 10 combien de fois 2 ?	5 fois.	
5	3	15	15	3	5
5	4	20	20	4	5
5	5	25	25	5	5
5	6	30	30	6	5
5	7	35	35	7	5
5	8	40	40	8	5
5	9	45	45	9	5
6 fois	2 font	12	En 12 combien de fois 2 ?	6 fois.	
6	3	18	18	3	6
6	4	24	24	4	6
6	5	30	30	5	6
6	6	36	36	6	6
6	7	42	42	7	6
6	8	48	48	8	6
6	9	54	54	9	6
7 fois	2 font	14	En 14 combien de fois 2 ?	7 fois.	
7	3	21	21	3	7
7	4	28	28	4	7
7	5	35	35	5	7
7	6	42	42	6	7
7	7	49	49	7	7
7	8	56	56	8	7
7	9	63	63	9	7
8 fois	2 font	16	En 16 combien de fois 2 ?	8 fois.	
8	3	24	24	3	8
8	4	32	32	4	8
8	5	40	40	5	8
8	6	48	48	6	8
8	7	56	56	7	8
8	8	64	64	8	8
8	9	72	72	9	8

mul.	multiplicandes.	pr.	dividendes.		div.	quot.
9 fois	2	font 18	En 18 combien de fois 2 ?		9 fois
9	3	27	27		3	9
9	4	36	36		4	9
9	5	45	45		5	9
9	6	54	54		6	9
9	7	63	63		7	9
9	8	72	72		8	9
9	9	81	81		9	9

ALGÈBRE. L'algèbre considère les grandeurs de même nature sous la seule acception expresse de leur inégalité, les exprime par des *caractères* qui se rapportent à toutes leurs valeurs particulières et développe ainsi leurs relations de quantité les plus générales. A représentant, par exemple, un nombre quelconque, B un autre nombre quelconque de même espèce que le premier, C la somme de ces deux nombres $A+B=C$ qui signifie le nombre A plus le nombre B égale la somme C, devient la formule de l'addition. $A-B=C$ qui signifie un nombre quelconque A moins un autre nombre de même espèce B égale le reste C devient la formule de la soustraction ; $A \times B = C$ qui signifie un nombre A multiplié par un autre nombre B égale le produit C, devient la formule de la multiplication ; enfin $\frac{A}{C}=C$ qui signifie un nombre A divisé par un nombre B égale le quotient C, devient la formule de la division. On appelle *monome* une quantité algébrique exprimée par un seul terme : A est un monome.

On appelle *binomes*, *trinomes*, *quadrinomes*, *polynomes*, des quantités algébriques qui sont composées ou de deux ou de trois, ou de quatre ou de plusieurs termes unis entr'eux par le signe + plus, ou par le signe — moins; A+B est un binome; A+B—E est un trinome; A+B—C+D est un quadrinome; A+B—C—D+E est un multinome ou polynome.

GÉOMÉTRIE. La géométrie a pour objet tout ce qui est mesurable, les lignes, les surfaces, les solides. Elle s'appuye sur des axiomes, sur des vérités évidentes par elles-mêmes; prouve une série de propositions appelées théorèmes dont elle prépare quelquefois la démonstration par d'autres propositions appelées lemmes; elle déduit des unes et des autres des *corollaires*, des conséquences qui n'ont alors besoin que d'être énoncées; souvent elle se borne à un *scolie*, à une remarque utile, et, à l'aide des principes qu'elle s'est faits, elle résout des problèmes, elle satisfait à des questions dont il serait difficile de se tirer autrement.

Au surplus les lignes sont ou droites ou courbes ou brisées. Le point est la limite de la ligne. Les lignes, soit droites, soit courbes, terminent les surfaces et en sont les côtés. Le trilatère a trois côtés; le quadrilatère en a quatre. Mais on dénomme mieux les surfaces par le nombre et la nature des angles qu'on y remarque. Un *angle* est l'ouverture de deux lignes qui se rencontrent en un point. Le *triangle* a donc trois angles ; le *pentagone* en a cinq ; l'*exagone*, six ; l'*eptagone*, sept ; l'*octogone*, huit ; l'*ennéagone*, neuf ; le *decagone*, dix ; l'*endécagone*, onze ; le *dodécagone*, douze. Le nom de *polygone* s'applique à chacune de ces surfaces. Le *triangle* est rectangle s'il a un angle droit. Le *triangle* est oxigone quand les trois angles sont aigus. Le QUADRILATÈRE est un *rectangle* quand ses quatre *angles* sont droits ; il est un carré si ses côtés et ses *angles* sont égaux, il est *rhombe* ou PARALLÉLOGRAMME si les côtés opposés sont parallèles ; un *trapèze*, s'il n'y a que deux côtés parallèles. On s'assure du PARALLÉLISME de deux lignes en examinant si elles sont toujours à égale distance l'une de l'autre. Le *trapézoïde* a la forme d'un *trapèze*, mais les côtés opposés ne sont point parallèles. Le *losange* a les quatre côtés égaux, mais ses quatre angles sont inégaux.

Un *cercle* est une surface limitée par une courbe appelée circonférence dont tous les points sont également distants d'un même point appelé CENTRE. La droite qui passe par le centre et dont les extrémités aboutissent à la circonférence est le DIAMÈTRE. Il ne faut pas confondre le PÉRIMÈTRE qui est le contour avec le *paramètre* qui est une ligne constante et invariable qui entre dans l'équation ou dans la construction d'une courbe. Le *cube*, le plus parfait des *solides*, est terminé par six surfaces égales. Le *cubage* est la quantité d'unités cubiques que renferme un volume donné.

C'est avec le SPHÉROMÈTRE que le géomètre mesure les courbes des surfaces solides. Si l'on fait tourner le *triangle* rectangle sur l'un des côtés de l'*angle* droit ou obtient un *solide* appelé *cône*. Le *conoïde* ressemble à un *cône*, mais il n'en est pas un. Considérés sous le rapport des faces planes qui les terminent et qui peuvent leur servir de bases, les *solides* sont appelés *polyèdres*. Le *tétraède* a quatre faces ; le *pentaèdre*, cinq ; l'*exaèdre*, six ; l'*octaèdre*, huit ; le *dodécaèdre*, douze, l'*icosaèdre*, vingt.

L'ellipse est la courbe qu'on obtiendrait en coupant obliquement par un plan qui le traverserait entièrement, un *cône* droit, un pain de *sucre* par exemples. L'*ellipsoïde* est le solide qu'engendrerait l'ellipse en la faisant tourner sur l'un de ses *axes*.

PHYSIQUE. La physique a pour objet les propriétés accidentelles ou permanentes des corps lorsqu'on les étudie sans les décomposer chimiquement. Elle observe et cherche à expliquer tous les *phénomènes*, tous les effets de la nature.

On appelle corps tout ce qui tombe sous les sens, tout ce qui affecte ou peut affecter la vue, l'ouïe, l'odorat, le toucher, le goût. Les corps sont étendus. Mais les uns sont pondérables et les autres impondérables. On distingue dans les corps plusieurs propriétés, l'impénétrabilité, la porosité, la divisibilité, la cohésion. Les corps sont ou solides, ou liquides, ou fluides élastiques. Quelques-uns ont même le pouvoir de se cristalliser.

Jetez un coup d'œil dans ce cabinet de physique. Voici l'ANÉMOMÈTRE qui mesure la direction, la durée et la vitesse relative ou absolue des vents. Là, est le BAROMÈTRE qui indique la pesanteur de l'atmosphère, ses variations ou les changements de temps. Tout auprès est le THERMOMÈTRE qui fait connaître les degrés de la chaleur et du froid actuel. Ceci est l'HYGROMÈTRE qui annonce les degrés de sécheresse ou d'humidité de l'air. Cela est l'HYDROMÈTRE qui fait juger de la pesanteur, de la densité, de la vitesse, de la force et des autres propriétés de l'eau. Cet instrument enfin est le PYROMÈTRE avec lequel on mesure les dilatations produites par l'action du feu sur les corps solides.

Si vous demandez au physicien quelle est la cause de la chaleur, il vous répondra que c'est le *calorique*. Il fera plus, avec le *calorifère*, il distribuera cet élément vivifiant dans les différentes parties de votre maison. Avec l'*électrophore* il conserve l'électricité. Avec l'ENDIOMÈTRE, il mesurera le degré de pureté de l'air atmosphérique. Après avoir observé le MAGNÉTISME, les propriétés de l'aimant, il a créé la boussole. Il a donné aux verres différentes formes, et il a fait le PRISME avec lequel il a décomposé un rayon lumineux et découvert la cause des couleurs. Il a suppléé à l'infirmité de l'œil, il a fait le *microscope* et le *télescope*, le *monocle* et le *binocle*. Il explique les *météores*; il dit comment se forment les NUAGES, comment arrivent les ORAGES.

ASTRONOMIE. Le *monde*, les ASTRES et ces constellations qu'on appelle ASTÉRISMES révèlent la toute-puissance de Dieu. Mais n'y a-t-il pas *quelque chose* de divin dans l'homme qui, malgré le TÉMOIGNAGE contraire des sens découvre que le soleil occupe le CENTRE du SYSTÈME et que la terre tourne sur son *axe* et sur ses *pôles*? O mortel, je ne doute plus de ta noble origine, lorsque je te vois tracer des *cercles* dans les cieux, fixer en quelque sorte la marche de ce *globe* de feu à travers les *signes* du *zodiaque*, lui ordonner à chaque *solstice* de s'arrêter à l'un des deux *tropiques*, indiquer le jour, l'heure, le moment où il devra entrer dans le bélier, dans le taureau, dans les gémeaux, dans l'écrevisse, dans le lion, dans la vierge, dans le *sagittaire*, dans le *capricorne*, dans les verseaux, dans les poissons! Hé! quelle autre créature a pu s'armer du *télescope* pour observer ou *Persée*, ou le *serpentaire*, ou le *Centaure*; suivre les mouvements de *Saturne* et de ses *satellites*, de Jupiter et de *Mercure*,

Grâces au *sélénostate*, la lune n'a bientôt plus de secrets pour toi. Tu ne crains plus de t'égarer sur les mers, avec le RADIOMÈTRE tu sais prendre les hauteurs. Que dis-je ? A l'aide du MICROMÈTRE et du *réticule* tu parviens à apprécier les petites distances des ASTRES, à mesurer leur DIAMÈTRE. La terre et les autres planètes n'ont-elles pas été à l'*aphélie*, au *périhélie*, le plus loin, le plus près du soleil, à l'époque que tu avais marquée, et celles-ci ne sont-elles pas fidèlement arrivées à l'*apogée* au *périgée*, au point le plus éloigné, le plus rapproché de la terre, à l'instant que tu avais prédit.

L'*almageste*, livre de Ptolémée a été d'un puissant secours pour les astronomes.

BOTANIQUE. La botanique est une science qui s'occupe des végétaux et de tout ce qui a un rapport immédiat avec les végétaux.

Les végétaux sont ou herbacés ou ligneux. Relativement au degré d'accroissement dont ils sont susceptibles, ceux-ci sont appelés ou *arbres* ou *arbustes*, ou arbrisseaux.

Observez en détail les différentes parties du végétal. Ces filets saillants à la surface des feuilles sont les nervures; cette substance spongieuse qui en remplit les intervalles est le PARENCHYME; cette queue qui unit la feuille au rameau est le *pétiole*. Voyez comme les feuilles sont disposées ou en spirales ou en *verticilles*.

Lorsque la fleur a ouvert son CALICE, elle vous montre ses *pétales*, ces parties si brillantes qui composent la corolle et au-dessous du pistil, de l'organe femelle, l'*ovaire* auquel sont rattachées les semences. Ce filet est l'étamine surmontée de l'anthère. Cette enveloppe est le *périanthe*. Admirez ces *corymbes*, ces ASSEMBLAGES de fleurs ou de fruits dont les *pédoncules* naissent de différents points de la tige et s'élèvent tous ; à peu près ; à la même hauteur ; ces *involucres*, ces feuilles florales qui enveloppent plusieurs fleurs comme d'une sorte de collier. Remarquez le *limbe*, le bord plus ou moins évasé des corolles.

Prenez ce fruit. La partie extérieure est le *péricarpe*; l'**épiderme** qui le recouvre et que vous allez enlever, est l'*épicarpe*. La partie que vous mangez est le *sarcocarpe*. Celle enfin qui contient les graines ou les pépins est l'*endocarpe*. Ouvrez l'amande. Vous y trouverez deux parties à peu près égales. Ce sont les deux *lobes* ou cotylédons. Les petites graines ont des *lobules*. Cette cicatrice qu'on appelle le *hile* indique par quel point cette graine tenait à la plante qui l'a produite.

GÉOGRAPHIE. Voyez-vous ce *planisphère*? Il représente la terre coupée par le méridien en deux parties égales appelées *hémisphères* ou moitiés de sphère; à droite, est l'ancien *monde*, l'ancien continent, l'Europe, l'Asie et l'Afrique.

A gauche, le nouveau *monde*, le nouveau continent, l'Amérique septentrionale et l'Amérique méridionale. Au bas de l'Asie et vers la droite, est l'Océanie.

Quand vous connaîtrez tous les lieux marqués sur cette carte, vous n'aurez encore que les plus simples notions de la géographie ; car, remarquez le bien, cette science est la description complète du *globe* terrestre et vous n'en voyez là que les points principaux. Je me bornerai aujourd'hui à vous donner quelques indications. Ces parties grises bariolées de diverses couleurs et terminées par des lignes sinueuses et ombrées, suivies d'un *espace* blanc représentent les *empires*, les *royaumes* et les états dont les limites sont marquées par les couleurs. Ces lignes sinueuses sont les **rivages** et ces *espaces* blancs, les mers. Ces terres plus ou moins grandes, placées au milieu des mers, sont des îles. Voilà l'île de Crète où était le *labyrinthe* nommé aussi *dédale*. Cette langue de terre qui unit cette espèce d'île, le *Péloponnèse*, la Morée, à la terre qui l'avoisine, s'appelle **isthme**. Celui-ci est appelé **isthme** de Corinthe. Ce *groupe* d'îles est un archipel. Observez maintenant ces traits qui partant d'un point sont conduits jusqu'au **rivage** ; ces traits indiquent les *fleuves*. Voici, en Europe l'*Ebre*, le *Tibre*, le *Rhône*, le *Danube*, le *Permesse* ; et, en Asie, le *Pactole* dont le *sable* contenait des parcelles d'or. Un détroit est une partie de mer resserrée entre deux continents. Tenez, voilà, entre la Sicile et l'Italie le détroit de Messine, dont les **abîmes**, dont les *gouffres*, Charybde et Sylla sont éclairés par un *Phare*; et, entre l'Asie et l'Europe, le *Bosphore*. Les monts que je vais vous nommer ne sont pas tous sur la carte; mais, là, est le *Vésuve* dont le **cratère** vomit des flammes, de la fumée et des laves. Ici, dans Rome même, le *Janicule* et le *Capitole*; en Asie, à Jérusalem, le *Calvaire*, où s'accomplit le grand **mystère** de la rédemption; dans la Grèce, le *Pinde* et le *Parnasse* que les payens consacrèrent à Apollon et aux muses, et l'*Olympe* qu'ils croyaient habité par leurs dieux.

Mais que de détails que les cartes ne donnent pas! Où sont les *Méandres* des riviéres? où sont les accidents de terrain et les **tertres** et les *monticules*? où sont les **antres** et les **précipices**? Ce n'est qu'en visitant les lieux qu'on peut les bien connaître.

BOUTADE. Le *rire* n'annonce pas plus le contentement que le *sourire* ne prouve la bienveillance.

Je suis disposé à croire au *mérite* d'un homme qui ne sort pas de son *gîte*, qui aime le *silence* et le *calme* de la solitude. Celui, au contraire, qui ne se plait que dans l'*esclandre*, qui ne fuit pas devant le *scandale*, qui semble braver le *souffle* de la corruption, est un fou ou un méchant. Un pareil *rôle* répugnera toujours à quiconque se respecte, à quiconque est persuadé que c'est perdre son temps que de ne pas l'employer constamment à former son cœur et à orner son esprit. Voyons, si vous le voulez, ce qui se passe dans la plupart des réunions. J'en parlerai avec tant de ménagement qu'on ne me fera pas le *reproche* d'avoir voulu écrire un *libelle*. Je saurai me défier de mon *zèle* même pour la vertu. Mais enfin qu'y voit-on? Là, dans ce coin, dans cet *angle* est un rêveur, qui se complaît dans les voluptés du *soliloque* ; laissons-le se parler tout seul, il n'est pas le plus ennuyeux. Car, au milieu de ce *groupe*, se trouve un *savantasse* qui, tout fier des classiques guenilles du *lycée*, vous débite gravement les vieux *contes* de la fable, vous entretient et du *Ténare* et de l'*Averne*, vous décrit le *mausolée* de la belle Artémise, vous peint *Mercure* avec son *caducée*, exalte la science Egyptienne, disserte sur les *hiéroglyphes* et, *type* et *modèle* de crédulité, croit aux *horoscopes*, aux *augures*, aux *prestiges*, aux CHARMES, aux *rêves*, aux SORTILÈGES. Tous ses voisins sont ébahis et se taisent. Un seul qui grille de faire preuve d'érudition, fouille dans sa tête et y retrouvant un vague souvenir de *Rhodes* et de son *colosse*, de Jérusalem et de ses *holocaustes*, il s'empresse d'en dire tout ce qu'il en a pu retenir. De ce côté est l'un des *oracles* de la faculté qui, vous dessine un *squelette*, qui vous démontre que l'adresse de l'homme dépend surtout, uniquement peut-être, de la fonction du *pouce*. Il vous fait remarquer le *torse*, le *coude*, toutes les parties du corps, sans en excepter le *derrière* ; puis c'est le **DIAPHRAGME**, puis le *foie*, puis les autres *viscères*. Ensuite, il expose en détail les maladies qui peuvent nous atteindre et le *rhume* et l'*ulcère* et le *chancre* et le *délire*. Admirez la magie des mots, parce qu'il appelle *pédiluve* un bain de pieds, et *stigmates*, les marques que laisse une plaie, une cicatrice, on est extasié. Aussi n'a-t-il pas fini encore, il vous dit les *remèdes* dont il fait **USAGE**, il vous parle et du *collyre* et de l'*émétique*. Il a un *antidote* excellent, un *spécifique* infaillible ; croyez-le, si vous le voulez ; pour moi, je ne m'y fierais guères. Et ce naturaliste donc, pensez-vous qu'il soit muet ? Il ne vous fera grâce de rien. Il faudra que vous subissiez tout ce qu'il sait ou plutôt tout ce qu'il croit savoir. Il passera du *bipède* au *quadrupède*, du *quadrupède* à l'*insecte*, de l'*insecte* à l'*animalcule*. Il faudra qu'il vous prouve que nul ne distingue comme lui le *fluide* du *solide*, l'*ambre* du *porphyre*, et le *porphyre* de l'*aromate*. Et ce musicien, qu'en dites-vous ? N'êtes-vous pas émerveillé des choses qu'il débite sur le *tétracorde*, le *pentacorde*, l'*eptacorde* ? Son *culte* pour le *dièze* et le *bécarre*, son **ENTHOUSIASME** pour ce *tintamarre* étourdissant qu'il appelle de l'harmonie, n'est-il pas fort amusant ? Et ce poète qui se pâme en entendant le *murmure* du *zéphire* à travers le **FEUILLAGE**, qui ne rêve que *musée* et *colysée*, qui se perd dans l'*empyrée*; qui, l'esprit plein des vers d'Homère, erre toujours sur les bords du *Xante* et du *Simoïs*; n'est-il pas divertissant? Et ce vieux capitaine qui dans un *monologue* perpétuel, tonne contre les protocoles, ne connaît d'autre droit que le *glaive*, pleure au souvenir des gloires et des *trophées* de l'*empire*, regarde comme un *pacte* honteux les traités qui le rendirent à la vie privée et s'indigne que l'ignoble chapeau bourgeois ait remplacé sur son front le *casque* ombré du brillant *panache*, n'est-il pas, lui aussi, réjouissant? Et cet avocat sans causes qui récite son *code*, discourt sur les *plébiscites*; soutient le *divorce*, excuse le *suicide*; et l'agent préposé à la salubrité et à la sûreté publiques, qui se plaint d'un *cloaque*, qui vous dit qu'un pauvre diable s'est précipité du *faîte* d'une maison, qu'un *caïque* a sombré, qu'un *carrosse* a versé, qu'un *coffre* a été enfoncé, qu'un témoin a été convaincu de *parjure*, qu'un mendiant a cassé un *reverbère*, qu'un *incendie* a consumé six maisons, qu'un galérien s'est échappé du *bagne*, que dans telle affaire le *domaine* a été condamné; et ce marchand qui se plaint du manque d'argent, de l'élévation de l'*escompte*, de la cherté du *cidre* et du *beurre*; et ce propriétaire qui vante les beautés du *site* où sa campagne est placée, qui raffole de son *quinconce* et de son *parterre*; et ce fat qui se flatte d'être dessinateur et ne fait que des *calques*; et ce gourmand qui vous fait savoir, sans que vous l'en priiez, qu'il aime par dessus tout les *crabes* et le *rable*, toutes ces personnes et toutes ces choses ne vous paraissent-elles pas souverainement ridicules? N'en sentez-vous pas le *vide*? pouvez-vous supposer qu'en sortant d'un pareil *cercle* vous aurez acquis une seule idée juste? Quoi donc par ce qu'un apprenti physicien vous aura dit avec une suffisance doctorale que les corps, que les *corpuscules* ont des *pores*; que notre peau est percée comme un *crible*; que le *crépuscule* est la lumière qui précède le lever du soleil et celle qui reste après que cet astre s'est couché jusqu'à ce que la nuit soit entièrement close; parce qu'il vous aura appris que l'eau monte dans les *tubes* capillaires; que l'*équilibre* est l'état des corps maintenus en repos sous l'influence de plusieurs forces qui se contrebalancent exactement; que le *tonnerre* est le bruit éclatant causé par l'explosion des nuées électriques; que le *verre* est un corps transparent et fragile produit par la fusion d'un **mélange** de *sable* et d'alcali ou de chaux, ou d'oxide de plomb; que l'*astrolabe* est un instrument astronomique qui servait autrefois pour mesurer la hauteur des **astres** au-dessus de l'horison; qu'un *automate* est une machine qui imite les mouvements des corps animés; parce que vous serez en état de le redire vous vous croirez un **prodige**! Vous demanderez à avoir des *grades*. Quel orgueil ! Quelle erreur ! Vous aurez le *cadre* d'un grand tableau sans doute ; mais le *galbe*, mais l'*ordre* des colonnes qui soutiennent l'édifice qu'il vous importe de connaître où est-il ? C'est ailleurs. qu'il vous faut les chercher.

LA BONNE ÉCOLE.

TROISIÈME PARTIE.

Homonymes et paronymes.

PREMIÈRE SÉRIE,

Dans laquelle le premier mot est masculin et le deuxième féminin.

Cher *aide*, prêtez-moi bonne *aide* en mes travaux.
L'*aigle* est le roi des airs. L'Europe à nos drapeaux
A vu briller dix ans notre *aigle* impériale.
Saint *ange*, accours. Bien cuite, une *ange* me régale.
A cet *aune* j'attache une *aune* de rubans.
Le *barbe* est bon cheval; j'eus la *barbe* à vingt ans.
Le *barde* a disparu; mais on mange la *barde*.
Le *berce* est sur la *berce*, il est là, tiens, regarde.
Le *bourgogne* est un vin que la *Bourgogne* fit.
Sur le *Capre* on mangea la *câpre*, excellent fruit.
Le *carpe* prend; la *carpe* est mauvaise à la bouche.
Le *cartouche* orne bien. Ça, bourrez la *cartouche*.
Le *champagne* est fort bon. La *Champagne* le fit.
Le *cloaque* est puant; la *cloaque* conduit.
J'arrive par le *coche* et la *coche* est bien faite.

Le *contregarde* écrit. La *contregarde* arrête.
Le beau *cornette* a pris la *cornette*, étendard.
Le *cravate* est cheval ; ma *cravate*, foulard.
Un *custode* a souvent la *custode* en voiture.
Doux *écho*, qu'est-tu donc ? *Echo*, nymphe, ou nature.
L'*enseigne* voit l'*enseigne* : Hôtel du Voyageur.
L'*espace* est grand, prenez moindre *espace*, imprimeur.
L'*exemple* sert. Ecris, mais prends la belle *exemple*.
Foret perce ; jadis la *forêt* était temple.
Le *fourbe* sait la *fourbe* ; évitez-le toujours.
Le *garde* fait la *garde* et les nuits et les jours.
Le *givre* est froid ; la *givre* est gravée en mes armes.
Le *greffe* est-il ouvert ? La *greffe* a bien des charmes.
Les *gueules* sont brillants. Fuis la *gueule* du loup.
L'*héliotrope* est beau ; mais belle, elle est caillou.
Prends l'*hépatite* et crains l'*hépatite* du foie.
L'*hymne* payen ne vaut saintes *hymnes* de joie.
Quel *interligne* ! une autre *interligne*, imprimeur.
Le *laque* est beau ; la *laque* a mauvaise couleur.
Le *lis* brille en nos champs ; la *Lys* est en Belgique.
Un bon *livre* est vendu tant la *livre* en boutique.
Ce *loutre* a coûté cher ; la *loutre* va dans l'eau.
Le *manche* est fort ; la *Manche* est calme, s'il fait beau.
Bon *manœuvre*, prends garde, on a vu ta *manœuvre*.
Ce *mémoire* est écrit de *mémoire*, quelle œuvre !
Mestre de camp ordonne à la *maistre de camp*.
Si le *mode* a raison ; la *mode* est un enfant.
Le *môle* est fort ; la *môle* est chair difforme et lâche.
Le *moule* est creux ; au bois une *moule* s'attache.
Le *mousse* est embarqué ; la *mousse* est un lichen.
Le grand *œuvre* est folie ; une *œuvre* est parfois bien.
Les belles *œuvres* font vivre notre mémoire.
Cet *office* est honnête ; à l'*office* allez boire.
J'aime l'*ombre* mais non l'*ombre*, l'obscurité.

Page, ne tenez pas la *page* de côté.
Pâque, grand jour ! La *Pâque* en Judée était belle.
Quel *parallèle* ! Allons, tracez la *parallèle*.
Pater prie et *patère* était un vase ouvert.
Le *pendule* va bien ; la *pendule* a souffert.
Le *Perche* est un pays ; la *perche* ne vaut guère.
Au *période* ! Lis la *période* entière.
Personne n'est venu ; la *personne* paraît.
Le *plane* reverdit ; la *plane* polit net.
Polacre ⎧ court ; *polacre* emploie et rame et voile.
Polaque ⎩   *polaque*
Le *poêle* n'est qu'un drap ; on fait frire à la *poêle*.
On fait le *ponte* au jeu ; mais la *ponte* est un œuf.
Le *poste* est là. La *poste* a pris un cheval neuf.
Si le *pourpre* est mauvais, la *pourpre* a ses misères.
Quadrille ! la *quadrille* agite ses bannières.
Le *réclame* est un cri ; la *réclame* est un mot.
Fort bon *régal* ! du roi la *régale* est le lot.
Le *relâche* est trop long. Je vais à la *relâche*.
Ce *remise* est fort bien. La *remise* est d'un lâche.
Satyre est demi-dieu. *Satire* blesse au cœur.
Le *Scolie* est savant ; *scolie*, annotateur.
Serpentaire par fois est astre et vulnéraire.
Le *sexte* dit : la *sexte* est dans le bréviaire.
Le *solde* acquitte tout. La *solde* est aux soldats.
Le *somme* endort ; la *somme* est forte pour mes bras.
Le doux *Souris* ! ma chambre était de *souris* pleine.
Le *tour* est bon. La *tour* dominait cette plaine
Le *triomphe* est à vous. La *triomphe* était cœur.
Trompette. La *trompette* excite le vainqueur.
Dans le *vague* entends-tu la *vague* qui murmure.
De ce *vase* avec soin ôtez la *vase* impure.
Le *vigogne* a bon goût. La *vigogne* a poil fin.
La pudeur a son *voile* et la *voile* est de lin.

Appendice. — Anomalies.

Amour ! petits *amours*. Fi ! les laides *amours*.
Quelque chose d'heureux m'arrive tous les jours.
Quelle *couleur* ! ta robe a le *couleur* cerise.
Ta *couple* de pigeons est pauvre marchandise.
Où rencontrerons-nous un *couple* aussi charmant ?
Le *crêpe* est deuil. La *crêpe* est un morceau friand.
Mon *guide*, attention ; ne lâchez point la *guide*.
Grand *merci*. La *merci*, vœu d'une âme timide.
Orge perlé ; bonne *orge*, on en donne aux chevaux.
Le *palme*, empan, n'est pas la *palme* des héros.
Par ce *prétexte* il eut la *prétexte* romaine.
Longues *vêpres*. Bon *vêpre*, adieu, que Dieu vous mène.
L'*orgue* de notre église est-il, n'est-il pas beau ?
Nos belles *orgues* ont joué bien du nouveau.
L'un dit l'*automne* est beau, l'autre l'*automne* est belle;
Maintenant on le fait mieux mâle que femelle.

DEUXIÈME SÉRIE.

Difficultés d'Orthographe.

En été l'*air* est chaud ; il dessèche nos *aires*.
Depuis l'*ère* du Christ, l'homme a changé ses *erres*.
L'*auteur* de son sujet atteint-il la *hauteur* ?
Le *bal* ne me plaît pas ; la *balle* me fait peur.
A *Bar* on a le *bard* ; on s'y sert de la *barre*.
La *barde* a fort bon goût ; mais le vrai *barde* est rare.
Le *bill* se change en loi. La *bille* sert au jeu.
Le *bris* serre le cœur ; la *Brie* a du vin bleu.
Le *cal* durcit la main ; on descend à la *cale*.
Degrés en *caracol*. *Caracole* à cavale.

Du *céleri* n'est pas *Sellerie* aux harnais.
Le *chêne* est verd. La *chaîne* est le prix des forfaits.
On m'oignit du saint *chrême* et je mange la *crême*.
Je passerai le *col*. Je fonds la *colle* même.
Le *coq* chante et ramasse une *coque* de noix.
Tel est le *cours* du monde. On voit la *cour* des toits.
Le *dam* damne. Du loup craignez la *dent* cruelle.
Le *faite* est au plus haut. Ma *fête* sera belle.
Le *foie* est un viscère, et la *foi* quelquefois
S'affaiblit. *Foret* perce et *forêt* est grand bois.
On cout avec le *fil*; mais la *file* s'avance.
Ce *hère* souffre; en *haire* il a fait pénitence.
Le *hâle* me brûlait sur la *halle* au marché.
L'*hôte* portant sa *hotte* avec vous a marché.
Le *houx* est toujours verd. Vigneron prends ta *houe*.
Dans la *jarre* est ton vin. Le *jars* dans l'eau se joue.
La *laque* sert au peintre et le *laque* est fort beau.
Un *lac* grand ou petit sera toujours plein d'eau.
Un frère *lai* chantait un *lai*, coupait ensuite
Un *lais*, buvait du *lait*, attachant au plus vite
Un *lé* sur son habit (il n'avait point de *legs*).
Cependant une *laie* errait dans les forêts.
Une *lieue* en ce *lieu*! mon ami, c'est folie.
Je dors au *lit* et bois mon vin jusqu'à la *lie*.
Cette *lie* a mangé sur les bords de la *lys*.
Pour une lieue en Chine on vous compte dix *lys*.
Vois ce *lis*, quelle fleur! Ma *lice* est dans la *lice*.
Vois-tu ce tapissier comme il tend bien la *lisse*.
Un *lut* colle; un *luth* charme et la *lutte* fait mal.
Du *moût*, bien! mais la *moue* au *mou*, triste régal.
Le *padou* vous plaît-il? Allez-vous à *Padoue*?
Un *père* est bon; un *pair* dans la chambre se loue.
Qui veut jouer au *pair* une *paire* de bas?
Plante un *pal*. La *pale* est carton sous taffetas.
Mes moutons sont au *parc*. J'ai bien peur de la *parque*.

Quel beau *parti!* *Partie* affreuse où je m'embarque.
A *Pau* j'ai récemment failli laisser ma *peau.*
Le *pène* ne va point. Mais à bord d'un bateau
On éprouve une *peine* à voir tomber la *pène.*
Un oiseau n'est pas mort parce qu'il perd la *penne.*
J'ai le *pic*, le capot; tout *pique* et les quatre as.
La *pique* l'a percé. Le *pis* distille; hélas,
Et la *pie* a volé. Le *plaid* m'a fait la *plaie.*
Prends ce *pli.* La *plie* est poisson comme la raie.
Je prends des *pois* au *poids*; j'attache avec la *poix.*
Bois ce *poiré.* J'aimais la *poirée* autrefois.
Le *polissoir* polit. *Polissoire* décrotte.
Le *pouce* est le gros doigt; la *pousse*, un jet, on l'ôte.
Le *quart* n'est pas le tout. Ma *carre* est assez bien.
Le *rais* tient au moyeu. La *raie* est moins que rien;
Mais l'oiseau fuit les *rets.* Je prends le *rob* en *robe.*
Le *sandal* teint en rouge; en *sandale* je gobe,
Au *saule* et sur le *sol*, la *sole* bon poisson.
Peu de *sel* aux ragoûts. *Sel* de l'esprit est bon.
Sur la *selle*, à cheval, oui, je marche ou je trotte.
Le *vice* nuit toujours; cette *vis* est trop haute.
Le *viol* est affreux; la *viole* met en train;
Je l'aime presque autant que le gai tambourrin.
Un *ure* m'éffrairait. J'ai mangé de la *hure.*
Sans *vol*, je fais la *vole* et ma partie est sure.

TROISIÈME SÉRIE.

Recueil général des homonymes français et des paronymes.

Il vient *à* vous; il *a* bonne grâce cet homme
A qui, hier, votre *acquit* *acquit* si belle somme.
Acre pique; *acre* sert à mesurer un champ.

Arbre *adhérant* au sol; voici mon *adhérent*.
Adieu, je pars. *A Dieu* faites votre prière.
Grande *affaire*! c'est tout ce qu'on vous donne *à faire*.
Ah! bien! ha! tu l'*as* donc ce beau quatorze d'*as*.
Aigayer baigne. On peut *égayer* un repas.
La caille va tomber, tiens, *elle* bat de l'*aile*.
L'*aine* est au bas du corps. Ta *haine* est bien cruelle
Quoi ce *hère* en plein *air* en *haire* vient encor!
De son *aire* l'aiglon sur l'*aire* tombe mort.
Change ces *ais* pourris; je *hais* ta négligence.
Alène perce: *haleine* est signe d'existence.
Alèze n'est qu'un drap. *A l'aise* on est assis.
Vin d'*Alicante*. Trois *aliquante* de dix.
Mangez l'*amande*. A tous on fait payer l'*amende*.
Un *amant* aime; *Aman*, ta vanité fut grande.
Ami, viens avec moi; le prêtre a son *amict*.
Dans un *an* on l'a pris quatre fois *en* délit.
Sans *anche* est mon hautbois, et je souffre à la *hanche*.
L'*encre* est noire; un vaisseau levait l'*ancre* dimanche.
Ma chère *Anne*, ton *âne* est un pauvre animal.
L'*antre* est *entre* deux rocs, un peu plus en aval.
Qu'ai-je fait *envers* vous? D'*Anvers en vers* m'écrire!
Apelle tu peins bien; je t'*appelle* sans rire.
Charmants *appas*. L'*appât* ne prend point poisson fin.
Appendre des tableaux. *A pendre*, le coquin.
Apprendre est toujours bon. Que gagne-t-on *à prendre*?
L'*apprêt* se fait; *après*, on part sans vous attendre.
Quel *argot* parlez-vous? *Argo* fut un vaisseau.
L'*art* est plus fort que l'*arc*. Crains la *hart*, friponneau.
L'*auspice* l'a prédit; tu mourras à l'*hospice*.
L'*autan* souffle. *Autant* vaut, ma foi, cette écrevisse.
De l'*autel* il s'en va tout droit à son *hôtel*.
Auteur, tu veux atteindre à la *hauteur* du ciel.
Moulin *à vent*. *Avant* l'*Avent* je compte y moudre.

L'*Ave* suit le Pater ; *avez*-vous de la poudre ?
Qui *baie* ouvre la bouche et qui *baille* fait don.
Crains le manche à *balai* ; le *ballet* est fort bon.
De son *banc* il publie un *ban* de mariage.
Quelle *basse*! Maison plus *basse* d'un étage.
Il prend le *bât* ou *bat* ; il va toujours sans *bas*.
La *batiste* me plaît; *Baptiste* n'en a pas.
Tout *beau*! gens aux pieds *bots* ; ces *baux* ne me vont guère.
Beaucoup d'or. Un *beau cou* n'est pas si belle affaire.
J'ai lu le chat *botté*, conte plein de *beauté*.
Belle horreur ! De quoi donc *Bayle* n'a pas douté ?
Ame *bénie*, allons prenez de l'eau *bénite*.
La *bête* est animal ; la *bette* est bonne, cuite.
Boîte est coffre. Le vin *boite*, je *boite* aussi.
Bon! faire un pareil *bond*, je n'en ai nul souci.
On a *bonace* en mer et vous êtes *bonnasse*.
Le *bou bout* ; jusqu'au *bout* vous avez *boue* et glace.
Brocard raille ; *brocart* habille et *broquart* mord.
Ça, j'ai su la nouvelle une heure avant *sa* mort.
La *caisse* ! qu'*est-ce* donc ? *quant* à moi je l'ignore.
Vous me verrez au *camp*, *quand* vous viendrez encore.
La *canne* est un appui. La *cane* est un canard.
Paix ! *car* honte à qui blesse et le tiers et le *quart*.
J'ai *carte* blanche et vous vous avez doublé *quarte*.
Ce fat *se* flatte trop ; je souhaite qu'il parte.
Céans vous le verrez placé sur son *séant*.
Ce *saint*, très *sain* d'esprit, le corps *ceint*, le *sein* grand,
Muni du *seing* papal, *cinq* jours ou jeûne ou prie.
Laisse ta *selle* et prends *celle* de l'écurie.
Selle après. Le sceau *scelle*. On *cèle* son secret;
Il faut qu'un confident soit un homme discret.
Qu'elle *scène !* le Christ à la *cène* se donne.
La *Seine* coule ou prend. *Saine* est cette personne.
L'homme *censé* prudent n'est pas toujours *sensé*.

Sans vous, *c'en* était fait! On *sent* que *sang* versé
S'en va, le *sens* le dit, criant *cent* ans vengeance.
Centaine est cent. *Sentène*, où l'écheveau commence.
Santon, lis ce *centon*, *sentons*-en l'à-propos.
Le *cerf* broûte et le *serf* n'a jamais de repos.
Ces gens sont *ses* amis. *C'est* elle qui *s'est* prise.
Cet homme dit que *sept* vaut cinq et trois. Bêtise!
Mon *cher* au bord du *Cher* on mange de la *chair*.
Chère lie! Et l'on monte en *chaire* pour prêcher.
On laboure le *champ*. Le *chant* plaît à l'oreille.
La nuit fait le *cahos*. *Cahot* casse bouteille.
Le *chaud* chauffe; la *chaux* est un fort bon ciment.
Le *chêne*, arbre; la *chaîne* attache fortement.
Je n'ai *qu'heur* en mon cœur. En *chœur* toujours je chante.
Voilà mon *choix*, je *choie* une personne aimante.
Il *crie* en nous lisant sa *chrie*, écrit piteux.
Cil défend l'œil, *s'il* pour si il est beaucoup mieux.
Parmi tant de *cités* on peut *citer* Lorette.
La *clause* veut cela. *Close* est bouche discrète.
Clerc de saint *Clair*, jamais tu ne parles bien *clair*.
Saint *Cloud*, on le comprend, n'est pas un *clou* de fer.
Le *colon* de *Colomb* conserve la mémoire.
Comte, un *compte*. Fi donc! c'est un *conte*, une histoire.
Mauvais piège *qu'on tend*. En payant tout *comptant*
On est *content*, on va partout en le *contant*.
Mon *cor* n'est *qu'or*. Un *cor* fait que mon *corps* vacille.
Côte est os. *Cote* B. *Quote* part. *Cotte* brille.
Il *coud* ton *cou*. Bon *coup* pour lui! Grand *coût* toujours.
Il *court*; s'arrête *court* à la *cour*. Viens au *cours*.
Le *cric* soulève. O *Christ*! ton *cri* s'est fait entendre.
Je voyais un beau *crin* mais j'ai *craint* de le prendre.
Le *crein*, krouffe, toujours afflige le mineur.
Le *crin* ou banc de pierre interrompt son labeur.
Je *crois* et *crois* la *croix*. O! que chacun y *croie*.
L'eût-on *cru* de mon *crû*? Dans la *crue* on se noie.

Le *cuir* est peau de bœuf. Faire *cuire* est fort bon.
Le *cygne* vole. Un *signe* a dit peut être non.
L'Anglais dit *sir*. En France, au roi chacun dit *sire*.
On se forme à Saint-*Cyr* ; la bougie est de *cire*.
Voyez *dam*, *dent*. Je crains d'en mourir *dans* trois jours.
L'arbre au *dense* feuillage ; on y *danse* toujours.
La *date* est du six mai. La *datte* vient d'Afrique.
Me *dégoûter* ! J'ai vu *dégoutter* la barrique.
Au *delà* ! sors *de là* ! Prends *de la* probité.
Pour *délasser* on doit *délacer*. J'ai tenté.
Des hommes, *dès* ce soir, portent un *dais* superbe
Pris aux *deys* de Tunis. *Descartes*, même imberbe,
A *des cartes* jamais ne donna ses moments.
Le *deuil* tue. Un coup-*d'œil* a dit ses sentiments.
En *différant* on a *différend*, quelque affaire.
Dis donc, c'est à *Didon* qu'Enée avait su plaire.
Nous *dîmes* qu'on payait une *dîme* autrefois.
Divers aiment beaucoup fruits *d'hiver*, figue ou noix.
Du *doigt* je dois montrer son *doit* pour pâtés *d'oie*.
Prends *donc* ce *don*, *Dom* Pol, toi *dont* j'aime la joie.
D'où viennent ces fruits *doux* ? Ils nous viennent du *Doubs*.
Du six juin est son *dû* ; ne *dut*-il rien à vous ?
Eau coule ; *au* roi l'on doit amour, obéissance.
L'*écho* répond : L'*écot* est plus grand qu'on ne pense.
Comme on court tout *emploi* ! L'on t'*emploie* aux chemins.
Enter l'arbre. On ne doit point *hanter* les gamins.
A l'*envi* ces Messieurs ont suivi leur *envie*.
Ere du Christ. L'homme *erre* au chemin de la vie.
Es-tu sot ? Moi, que j'*aie* une *haie* ! Oh ! je *hais*
Ces choses, *et*... *hé* ! *eh* ! va-t-en dans les forêts.
L'*étain* est un métal. L'*étaim* est de la laine.
Etant près de l'*étang*, *étends*-toi dans la plaine.
Dans quel *état* voit-on l'*OEta*, ce mont fameux ?
Etourdi, vous courez à l'*étourdie* aux jeux.
Il est doux d'*être* assis à l'ombre de ce *hêtre*.

Pour *eux* ces *œufs*! *Exhausse* en l'air; *exauce*, maître.
Excédant mes pouvoirs je prouve l'*excédent*.
Excellant sur un point on n'est point *excellent*.
Tu vois *faire* le *fer*. Avec le *fer* on *ferre*.
Il *fait* le *fait*. Le *faix*, il l'a laissé par terre.
Faits d'armes. Vers bien *faits*, admirables écrits.
Faite ainsi jusqu'au *faite*! Oui, c'est *fête* à Paris.
Le *faon* de biche part, *fend* l'air comme une flèche.
Qu'il le *fasse*! sa *face* est d'un enfant revêche.
Il *faut* qu'avec sa *faux* il fauche. Non, c'est *faux*.
Fi! fit-il, tous ces *fils* négligent leurs travaux.
Il *feint*, le *fin*! La *faim* met *fin* à bien des choses.
Mange un *flan*. A ton *flanc* brille un panier de roses.
La *foi* règne dans *Foix*. Du *foie* une ou deux *fois*
J'ai souffert. Et du *fond* d'un tonneau, l'homme aux rois
Parle, quoique sans *fonds*. Aux *fonts* est le baptême.
(Voyez *foret*) *Forez* est dans la France même.
On *força* le *forçat* à marcher lestement.
Qui vous *forma*? Ce livre est d'un *format* charmant.
Le *fort* doit respecter le *for*, la conscience.
La *fosse* est chose sûre et non *fausse* apparence.
J'ai franchi le *fossé*; son esprit est *faussé*.
Le pain cuit au *fournil*. Je *fournis*, l'an passé,
Du vin *frais* et sans *fret*. Le *frai* va donc paraître.
Le *frai* cache l'empreinte, on ne peut la connaître.
Quand on est condamné l'on doit payer les *frais*.
On nous *fraie* un chemin à travers les forets.
Il *fume* constamment. Vrais enfants que nous *fûmes*!
Que je le *fusse* ou non! *Fut*-ce toi! crains les rhumes.
Gai soldat, fais le *guet*; passe à *gué* le ruisseau.
Galle teint, *gale* cuit. Pour *Galles* prends vaisseau.
Gants de chamois de *Gand*. J'ai vu le *geai* qui crie.
Noir comme *jais*. Que j'*aie* un *jet* d'eau, c'est ma vie.
Bonnes *gens*! *Gent* timide! O *Jean*, j'en fais un; *Jan*!

La *goutte* tombe. On *goûte* un bonheur peu constant.
Est-elle *grasse* à *Grasse*! Elle est pleine de *grâce*.
L'homme *gris* sur le *gril* fait cuire une bécasse.
Un cœur bon n'aime *guère* à vivre en *guerre*, ici.
Les *aulx* ont un goût *haut*. *Aux eaux* je vais aussi.
J'*ôte* la *haute* paie à ce soldat, cher *hôte*.
Héro chante. *Héros*, du *héraut* vois la note.
Cet espiègle *hochait* sans cesse son *hochet*.
Homard nage. La mort devant *Omar* marchait.
Horion vous assomme. *Orion* au ciel brille.
Or, mettons *hors* cet *or*; l'*or* brouille la famille.
Jeune on n'est point soumis au *jeûne*, dure loi.
Frappe, voilà ma *joue*. Et ce *joug* est pour moi!
J'*eus* pendant quelques jours d'excellent *jus* d'orange.
Oui, tu *l'as, là*. *La* grappe appelle *la* vendange.
Il *laçait* son *lacet* et point ne se *lassait*.
Il se tira du *lac* si *las* qu'il trépassait.
Faut-il qu'il *l'ait* ce *lait*, ce *laid lai*, ce vieux père?
Que je *l'aie*, ou la *laie* ou ce *legs*! tu *l'es*, frère.
Fuyez ce *leurre*, amis. Dis *leur leurs* vérités.
Levain lève. *Le vin* a bien des qualités.
Je pars de *Lille* et vais à *l'île* d'Angleterre.
Le *lin* se file et l'*Ain* coule, est une rivière.
Nous *lions* le *lion*. *Lyon* vaut-il Paris?
La *lionne* rugit. L'*Yonne* a bords fleuris.
Pourquoi *lire* les vers? chantez-les sur la *lire*.
Je *lis* au *lit*. La *lie* a bu, vois son délire.
Il a fait, chère *Lio*, un excellent repas.
L'ont-ils bien *long* le nez? *L'on* ne le croirait pas.
La *loi* nous le permet. Jouons au jeu de *l'oie*.
Lots perdus! *Lods* payés! C'est dans *l'eau* qu'on se noie.
On craint, on tue un *loup*, mais on *loue* un héros.
Que je *l'eusse* et je *lusse* un tel écrit! o sots!
La tête bien *lissée* il parut au *lycée*.
Si *ma* sœur *m'a* frappé, moi je l'ai terrassée.

Il faut qu'il *m'ait* trompée ; il *met* en *mai* juillet.
Maint auteur prend ma *main*. Le *Mein* coule, il me plaît.
Maître, faut *mettre* un *mètre*. Il faut *m'être* agréable.
Prends ta *mante*. Qu'on *mente*, oh ! c'est abominable.
Mantes commerce et *menthe* exhale bonne odeur.
Prenez le *marc*. La *mare* est bien trouble, ma sœur.
Ce *marchand* va *marchant* dans toute la commune.
Ce *mari* si *marri* va béer à la lune.
Tu *m'as* brisé le *mât* ; mon bateau ne va plus.
Mentons, *menton* de bouc ; non pas, c'est un abus.
Ma *mère* craint la *mer* tout comme notre *maire*.
Le *maire* du palais avait puissance entière.
Mais revoyez plus haut, cher lecteur, s'il vous plaît,
Tout ce que l'on a dit de *mai*, de *m'ait*, de *met*.
Mais, mes *mets* sont tous froids. Il faut donc que tu *m'aies*.
Ce *m'est* dûr. Tu *m'es* drôle ! Hé ! bien, *mets*. Tu la paies.
Je *meurs* mais j'ai toujours montré de bonnes *mœurs*.
Prends la *mie*. À *mi*-mont j'ai *mis* toutes ces fleurs.
Je *m'y* perds, car il *mit* sur ce *mi* tant de grâce.
L'an *mil* huit cent dix. Et *mille* est nombre, espace.
Qui ? *moi* qu'à tous ces jeux je perde encore un *mois* !
Ils *m'ont* fait voir ce *mont*, *mon* cher, plus de cent fois.
Il est *mort*, oui, la *mort* vient de trancher sa vie.
Ce cheval *mord* son *mors*, qu'il reste à l'écurie.
A *Meaux*, c'est bien le *mot*, on souffre mille *maux*.
Voyez *mou*, *moue*, et *moût* ; je *mouds* ces blés nouveaux,
Tu *m'eûs*, il m'eût vaincu. Je suis *mu* par l'exemple.
La *mûre* est *mûre*. Un *mur* était autour du temple.
Etre ainsi, *n'être* rien ; c'est *naître* malheureux.
Il *naît* donc. Que je *n'aie* appris plutôt ses vœux !
Né bon, tu *n'es* point dur ; ton *nez* seul nous l'annonce.
Négligeant tout vraiment ; *négligent*, la réponse ?
N'ai-je donc pas raison ? La *neige* a tout couvert.
Je *n'y* vois *ni* le *nid*, *ni* l'oiseau. C'est l'hiver.

Pour faire un *nœud* faut-il que l'on soit *neuf* personnes.
Il se *noie* et se perd. Ces *noix* sont toutes bonnes.
Non, non; ils *n'ont* parlé qu'à des hommes sans *nom*.
Qu'une *nourrice* ici *nourrisse* ce poupon.
Au *noyer* le *noyé* resta peut-être une heure.
La *nue* est noire. Il *n'eut* aucune peur, je pleure.
Nuys et *Nuits* sont cités. La *nuit* ne nous *nuit* pas.
Il *oint* tout de vieux *oing*. Que fait-il donc là-bas?
On dit qu'ils *ont* parlé d'une belle manière.
L'*ordinant* donne l'ordre à l'*ordinand* sincère.
Où vais-je en juin *ou* mai? Mois d'*août* est un chaud mois.
L'*oubli* tue; une *oublie* est bonne quelquefois.
Oui, vous l'avez *ouï*. Mon frère perd l'*ouïe*.
Pain nourrit. Vois ce *pin peint* par notre Julie.
Ce *pair* a les yeux *pers*. Il *perd* toujours au *pair*.
Paix! Je *pais* mes troupeaux. Un *pet* empeste l'air.
Le *paon* mue; et toi, *Pan*, *pends*-tu sur la montagne
Tes bergers? *Pan* de mur debout dans la campagne.
Je *pense* que l'on *panse* à la *panse* un cheval.
Par où *pars*-tu? Dis-moi; suivras-tu le canal?
Parce que tu l'as dit. Non, *par ce que* vous dites!
A *Paris*, grand *pari*. *Parie*, oui, déconfites!
Au *parterre* et *par terre* elle se laissa choir.
Parti pris. En *partie* on *partit*, et bon soir.
La *pause* est longue. Acteur, j'admire votre *pose*.
Peau de veau dans un *pot*. *Pau*, ville. *Pô* l'arrose.
La plaie est donc *pansée*. O *pensée*, ô ma fleur!
Penser à te *panser*! ça me navre le cœur.
Son œil *perçant* me *perce*. Un *Persan* de la *Perse*.
D'une *paire* de bœufs votre *père* se berce.
Je *peux* un *peu*, *peut-être*; et l'on *peut être* fous.
Rage *peinte* en son front. Cette *pinte* est pour vous.
La *plaie* en cet état vraiment ne me *plaît* guères.
Plaine s'étend. La vie est *pleine* de misères.

Ce *plinthe* est beau ; sa *plainte* a troublé mes esprits.
Ce *plan* est bien conçu. Ce *plant* a très-bien pris.
De *plain*-pied. Je le *plains*. Il est *plein* de colère.
Il *plut plus*. *Plût* à Dieu que je pusse le faire !
Non, je ne le veux *point* ; je te frappe du *poing*.
Voyez *pois, poids* et *poix, pouah* ! rejette au loin.
Il faudra que le temps *police* la *police*.
Polisson, polissons ce qu'il faut qu'on *polisse*.
Ma poule tous les jours *pond* un œuf sous le *pont*.
Le *pou* ronge. Ton *pouls* ne me paraît pas bon.
Il va vous *précédant* ; *précédent* déplorable !
Président présidant pour juger un coupable.
Les *prémices* à Dieu. Les *prémisses* sont bien.
C'est un *prêt* tout gratuit. Ton frère est *près* du mien.
Il l'a *pris*, devinez, pour le *prix* d'un centime.
Un *pouce* de terrain. La *pousse* devient cîme.
Que je ne *pusse* prendre une *puce* ! oh ! si fait !
Au *Puy* j'ai vu ton *puits*. *Puis*, je *puis* parler net.
Le *pus pue* ; et je *pus* tout ce qu'il *put* lui-même.
Quant à moi j'aime *Caen*. Je vais au *camp quand* même !
Un *kan*, *qu'en* pensez-vous, n'est pas toujours humain ?
Quelle idée ! oh ! je crois *qu'elle* viendra demain.
Le *queux* coupe sa *queue* ; il ne voit *qu'eux*, le drôle.
Quoi donc ! il se tient *coi* juste comme une idole.
Quoi qu'il dise, j'y vais. *Quoiqu*'il m'ait tourmenté.
Raisonner a parlé ; *résonner*, répété.
Selon son *rang* je *rends* à chacun mon hommage.
Ras de terre le *rat* trotte et prend le fromage.
La *renne* est aux Lapons. *Rennes* a de l'éclat.
Reine, ne lâchez point les *rênes* de l'État.
Le *requint* était pis qu'un *requin*. Pauvre France !
Résident résidant en votre résidence.
Monsieur de *Retz* la *raie* est prise dans nos *rets*.
Rheims vers le *Rhin*. Ses *reins* me paraissent mal faits.
Quel *ris* ! il *rit* du *riz* qu'on lui présente à table.
Sois *rond* et *romps*-moi là ce commerce coupable.

Il a les cheveux *roux*. La *roue* a tout broyé.
Visage *rubicond*. *Rubicon* t'a noyé.
Ça, mets le *çà* et là ; *ç'a* donc été *sa* rage.
Sabbat, jour du Seigneur. *Saba*, reine fort sage.
Saignons le moribond. *Ceignons* le sabre, allons.
Sainte du Paradis! *Cynthe* est parmi les monts.
Saintes de monuments était autrefois *ceinte*.
Cette *salle* et trop *sale* et j'en ferai ma plainte.
Beau *salon* de *Salons*. *Salons*-nous ce poisson ?
Sa *santé* se soutient. *Sentez*-vous ma raison ?
Sur l'esprit un *sceptique* agit comme un *septique*.
Mets ton *sceau* sur mon *seau*. *Sceaux* a *sots*, véridique.
Un *seigneur* a souvent grande peur d'un *saigneur*.
Serin, au temps *serein*, chante de bien bon cœur.
Servante, vous lisez les romans de *Cervantes*.
La *session* finit. *Cession* de mes rentes.
Six hôtels *sis* par-*ci*. *Si* la *scie* a mordu.
Sion, mont ; *Scion*, brin ; et *si on* a perdu.
Simon n'est pas *Cimon* le général d'Athène.
N'imitez pas *Sinon* ; sinon, gare la peine.
Cite les mots du *Scythe*. Un *site* est laid ou beau.
Socque de bois. Le *soc* s'est rompu de nouveau.
Soit qu'on n'aime que *soi* ; qu'un habit *soit* de *soie*.
Seoir le *soir* près de vous est ma plus douce joie.
L'âne mange *son son*. Ils *sont* quarante encor.
Midi *sonné*! *sonnez*. Veut-il *sonner* du cor ?
Sori, gros minéral. *Sorie* est de la laine.
O *sort* ! du hareng *saur* ! Je *sors* ; la panse pleine.
Sot ! quel *saut* ! pour un *sou*, *sous* l'arbre on boit son *saoul*.
Souffre l'odeur du *soufre* ou bien bouche ce trou.
La *statue* a parlé. Le *statut* nous ordonne.
J'en sui *sur*, ce goût *sûr*, *sur* ma foi, le chiffonne.
Prends *surtout* ton *surtout*, car il pleut tous les jours.
Sylla fut dictateur. *Scylla* hurle toujours.

Ta bonne *t'a* frappé ; c'est un *tas* de misères.
La *taie* est blanche ; oui, *tais* de pareilles chimères.
Tant faut de *temps* au *tan*. Tu *t'en* vas; *tends* ton arc.
Terre et ciel ! Pour le *taire* il t'a parlé trop tard.
Tu *t'es* de *tes* chagrins affligé. Quelle perte !
Toi, dis-tu, ta maison sur le *toit* est ouverte.
Ton thon est bon. Ce *ton* t'a-t-on dit ne vaut rien.
Un *taon* pique ; qui *tond* au printemps fait fort bien.
Il a *tort* quand il *tord* ce qui *tors* ne doit être.
Excellent *tour*. A *Tours* j'aurais bien voulu naître.
La *toue* à *tous* donna cette *toux tout* d'abord.
Je *trace* sur ta *trace*. Oh ! que le *thrace* est fort.
Je *trais* très-bien la chèvre. Au *trait* j'ai connu l'homme.
La *tribu* pour *tribut* nous paiera cette somme.
Je fus *trois* jours à *Troie*. A *Troyes* on a bon vin.
Tu vas *trop* lentement. Fais au *trot* ton chemin.
En *tirant* le *tirant* le *tyran* ouvre, il entre.
Vante-le. *Vente*-nous ; il fait un chaud du diantre.
Vaine pensée. Il a mauvaise *veine*, lui.
Le *ver vers* l'arbre *vert* va ramper. Aujourd'hui,
J'ai fait plus de cent *vers* sans songer à mon *verre*.
Tu *verras* ce *verrat* bientôt tomber par terre.
La *vesce* est grain. La *vesse*, une ventosité.
Je me *vêts* bien; je *vais* où je n'ai point été.
Voyez et *vice* et *vis*. Fallait que je le *visse*.
Vile âme d'une *ville* où tont est immondice.
Le *vin* l'a rendu *vain* ; je *vins* et j'en vis *vingt*.
Prends ce miel *violat*. Qui *viola*, coquin.
Je *veux* qu'à tous ses *vœux* on se montre fidèle.
Vois la *voie*. A ma *voix* viens, ami, je t'appelle.
A *vau*-l'eau *vos veaux* vont à *Vaud* par monts par *vaux*.
Votre fils, le *vôtre*, oui, se *vautre* en ces ruisseaux.

FIN.

Substantifs qui n'ont pas de singulier.

LISTE ANNONCÉE PAGE 17.

Abattures. *Aboutissants* (1). Affres. Agapes. Agrès. *Aisances*. Allées et venues. Alpes. Analectes. *Antennes. Appointements.* Arases. Archives. *Armes.* Arnielles. Armoiries. Arrérages. Arrhes. Atellanes. *Attraits.* Aumailles. Avercs.

Bans. Blindes. Bouts-rimés. Bronchies. Brisées. *Broches.* Brucelles.

Catalectes. Caulicoles. Champeaux. *Comices.* Communaux. Compitales. Complies. Concettes ou Concetti. Consorts. Contre-approches. Coordonnées. *Coques. Cors.* Cretons.

Dagues. Dionysiaques.

Eaux et forêts. Ecrouelles. Effondrilles. Ephémérides. Epinards. Epincies. Errements. Eulogies.

Faisances. Fautoccini. Faux. Fèces. Jeux floraux. *Foulées. Friandises.* Funérailles. Furolles. *Gémeaux.* Gobelins. Goguettes. Grenettes.

Haubans. Hexaples. *Honneurs.* Honoraires. *Humanités.*

Impenses. induts.

Jardons. *Julivetés.*

Laissées. *Lanternes.* Larnisaires. Larnicers. Latrines. Landes. *Lettres. Libertés. Lieux. Limbes.* Litanies. Lombes. Lupercales.

(1) Les mots en italique sont employés au singulier, mais dans une acception différente de celle qu'on leur attribue ici.

Machabées. Mars. Matassins. Mathématiques. *Mémoires.*

Nécessités. Novelles.

Oreillons. Ossements. Oubliettes. Oniès.

Panathénées. Pandectes. Paralipomènes. Paratelles. Pénates. Pènes. Ptéchies. *Pieds-de-mouche.* Pierreries. Pleureuses. Ponilles. *Poursuites.* Prémices. Prolégomènes. Quatre-Temps. *Râpes. Raretés. Regrets.* Relevailles. *Restes.* Rhagades. Rigaux. Rogations. *Ruines.*

Saturnales. Scrofules. Sévices. Sirtes. Solins. Stries. Struiras. *Subsistances.* Sucreries.

Tenants. Ténèbres. Tenettes.

Vitraux. *Vœux. Vivacités.*

LISTE ALPHABÉTIQUE

DES PRINCIPAUX MOTS COMPOSÉS QUI SONT RÉUNIS PAR UN TRAIT-D'UNION.

Liste annoncée page 37.

Abat-faim. Abat-foin. Abat-jour. Abat-vent. Abat-voix. Aide-de-camp. Aigre-douce. Aigue-marine. Appui-main. Arc-boutant. Arc-doubleau. Arc-en-ciel. Arc-en-terre. Arrière-ban. Arrière-banc. Arrière-bec. Arrière-boutique. Arrière-caution. Arrière-corps. Arrière-cour. Arrière-fermier. Arrière-fief. Arrière-fleur. Arrière-garant. Arrière-garde. Arrière-goût. Arrière-ligne. Arrière-main. Arrière-neveu. Arrière-nièce. Arrière-passage. Arrière-pensée. Arrière-petit-fils. Arrière-petite-fille. Arrière-point. Arrière-pointeuse. Arrière-saison. Arrière-vassal. Arrière-voussure. Avale-tout. Avant-bec. Avant-bras. Avant-col. Avant-cœur. Avant-corps. Avant-cour. Avant-courrière. Avant-dernier. Avant-dernière. Avant-duc. Avant-fosse. Avant-garde. Avant-goût. Avant-hier. Avant-jour. Avant-logis. Avant-main. Avant-mur. Avant-part. Ayant-pêche. Avant-pied. Avant-pièce. Avant-port. Avant-poste. Avant-propos. Avant-quart. Avant-règne. Avant-scène. Avant-toit. Avant-train. Avant-veille. Ayant-cause. Ayant-droit.

Bain-marie. Barbe-de-capucin. Barbe-espagnole. Bas-fonds. Bas-relief. Bas-ventre. Basse-contre. Basse-de-viole. Basse-de-violon. Basse-étoffe. Basse-fosse. Basse-goutte. Basse-justice. Basse-lice. Basse-licier. Basse-taille. Basses-voiles. Beau-fils. Beau-frère. Bec-courbé. Bec-croche. Bec-croisé. Bec-de-cane. Bec-de-cigogne. Bec-de-corbeau. Bec-de-cuiller. Bec-de-cygne. Bec-de-hache. Bec-de-lézard. Bec-de-nuit. Bec-de-perroquet. Bec-d'oiseau. Bec-en-ciseaux. Bec-de-poinçon. Bec-figue. Bec-foin. Belle-dame. Belle-de-jour. Belle-de-nuit. Belle-feuille. Bien-dire. Bien-faire. Blanc-bec. Blanc-de-Baleine. Blanc-manger. Blanc-manteau. Blanc-seing. Blanc-signe. Bon-mot. Bonne-aventure. Bonne-fortune. Bouche-trou. Bout-avant. Bout-d'aile. Boute-lof. Bouton-d'argent. Bouton-de-culotte.

Bouton-d'or. Bouton-de-rose. Bouton-gris. Boutrimé. Branche-ursine. Brise-cou. Brise-glace. Brise-image. Brise-motte. Brise-noisette. Brise-pierre. Brise-scellé. Brise-tout. Brise-vent.

Caille-lait. Caillot-rosat. Casse-bouteille. Casse-lunette. Casse-tête. Casse-cul. Casse-vessie. Cent-suisse. Cerf-volant. Char-à-banc. Chauffe-pied. Chasse-chien. Chasse-coquin. Chasse-cousin. Chasse-fiente. Chasse-marée. Chasse-mouche. Chasse-mulet. Chasse-poignée. Chasse-pointe. Chasse-punaise. Chat-huant. Chauffe-chemise. Chauffe-cire. Chauffe-lit. Chauffe-pied. Chauve-souris. Chef-lieu. Chevau-léger. Chien-marin. Ciel-de-lit. Clair-semé. Claire-voie. Claque-oreilles. Clin-d'œil. Co-associé. Co-état. Co-évêque. Co-légataire. Contre-amiral. Contre-appel. Contre-approche. Contre-basse. Contre-batterie. Contre-charge. Contre-chevron. Contre-civadière. Contre-clef. Contre-cœur. Contre-coup. Contre-échange. Contre-enquête. Contre-épreuve. Contre-espalier. Contre-extension. Contre-fenêtre. Contre-fente. Contre-finesse. Contre-fort. Contre-fugue. Contre-gage. Contre-garde. Contre-hâtier. Contre-hermine. Contre-jour. Contre-latte. Contre-lettre. Contre-maille. Contre-maître. Contre-marche. Contre-marée. Contre-marque. Contre-mine. Contre-mineur. Contre-moule. Contre-mur. Contre-ordre. Contre-ouverture. Contre-pal *(blason)*. Contre-partie. Contre-pente. Contre-pied. Contre-pilastre. Contre-pleige. Contre-police. Contre-poil. Contre-poinçon. Contre-point. Contre-pointiste. Contre-porte. Contre-porteur. Contre-poseur. Contre-position. Contre-potence. Contre-pouce. Contre-projet. Contre-promesse. Contre-quille. Contre-retable. Contre-révolution. Contre-révolutionnaire. Contre-sonde. Contre-ronde. Contre-ruse. Contre-sabord. Contre-salut. Contre-sanglot. Contre-scel. Contre-seing. Contre-sens. Contre-sommation. Contre-sommier. Contre-taille. Contre-temps. Contre-terrasse. Contre-tranchée. Contre-vair. Contre-verge. Contre-visite. Co-propriétaire. Co-religionnaire. Cordon-bleu. Corps-de-garde. Corps-de-logis. Coupe-pâte. Coupe-tête. Court-bouillon. Courte-paille. Couvre-feu. Croque-notes. Cure-oreilles. Cure-dents.

Dame-jeanne. Demi-aigrette. Demi-aune. Demi-bain. Demi-bastion. Demi-bouteille. Demi-cercle. Demi-colonne. Demi-douzaine. Demi-folle. Demi-futaie. Demi-gorge. Demi-heure. Demi-lune. Demi-mesure. Demi-métal. Demi-ordonnée. Demi-paon. Demi-parole. Demi-parallèle. Demi-paume. Demi-pause. Demi-pièce. Demi-quart. Demi-quarteron. Demi-queue. Demi-revêtement. Demi-savant. Demi-secret. Demi-setier. Demi-solde. Demi-soupir. Demi-talent. Demi-teinte. Demi-ton. Demi-tour. Demi-triquet. Demi-vent. Demi-volte. Doit-et-avoir. Double-emploi

Double-feuille. Double-fleur. Double-marcheur. Double-mouche. Double-octave. Double-quarte.

Eau-forte. Entre-colonnes. Entre-deux. Entre-lignes. Entre-sourcils. Etat-major. Ex-voto.

Fausse-braie. Fête-Dieu. Folle-enchère. Franc-archer. Franc-aleu. Franc-bassin. Franc-étable. Franc-fief. Franc-funin. Franc-maçon. Franc-maçonnerie. Franc-taupin. Franc-tillac.

Gagne-denier. Gagne-pain. Gagne-petit. Garde-avancée. Garde-bœuf. Garde-bourgeoise. Garde-boutique. Garde-champêtre. Garde-chasse. Garde-côtes. Garde-du-corps. Garde-feu. Garde-filet. Garde-forestier. Garde-fous. Garde-française. Garde-magasin (mauvaise marchandise). Garde-malade. Garde-marine. Garde-marteau. Garde-meuble. Garde-national. Garde-nationale. Garde-notes. Garde-robes. Garde-vaisselle. Garde-vente. Garde-vue. Gâte-enfant. Gâte-métier. Gâte-pâte. Gâte-sauce. Gobe-mouche. Grand-blanc. Grand-maître. Grand'-messe. Grand-oncle. Grand-père. Gratte-cul. Gros-texte.

Hausse-col. Haut-bord. Haute-contre. Haut-de-chausse. Haut-le-corps. Haut-le-pied. Haut-mal. Haute-cour. Haute-justice. Haute-lice. Haute-futaie. Haute-paie. Haute-taille. Hors-d'œuvre.

In-folio. In-quarto. In-douze. In-octavo. In-in-seize. In-dix-huit. In-trente-deux. Jet-d'eau.

Laurier-rose. Loup-cervier. Loup-marin.

Main-levée. Maître-ès-arts. Martin-sec. Mi-janvier. Mille-feuilles. Mouille-bouche.

Non-paiement. Non-valeur. Nu-jambes. Nu-pieds. Nu-propriété. Nu-tête.

OEil-de-bœuf. Ortie-grièche. Ouï-dire.

Passe-avant. Passe-boulet. Passe-carreau. Passe-cheval. Passe-debout. Passe-dix. Passe-droit. Passe-parole. Passe-partout. Passe-passe. Passe-pied. Passe-poil. Passe-temps. Passe-velours. Perce-neige. Perce-oreilles. Petite-maîtresse. Petit-neveu. Petite-nièce. Petit-pâté. Petit-texte. Pied-à-terre. Pied-bot. Pied-cornier. Pied-d'âne. Pied-de-biche. Pied-de-bœuf. Pied-de-chat. Pied-de-cheval. Pied-de-chèvre. Pied-de-coq. Pied-de-mouche. Pied-d'oiseau. Pied-équin. Pied-horaire. Pied-plat. Pie-grièche. Pince-sans-rire. Pique-assiette. Plain-chant. Plat-bord. Plate-bande. Plate-forme. Plat-pied. Pleure-misère. Pont-levis. Porte-clefs. Porte-aiguilles. Porte-balle. Porte-chappe. Porte-crayon. Porte-drapeau. Porte-enseigne. Porte-faix. Porte-feuille. Porte-huilier. Porte-manteau. Porte-malheur. Porte-mousqueton. Porte-respect. Porte-vent. Porte-voix. Pot-à-fleurs. Pot-de-vin. Pot-pourri. Pour-boire. Pousse-cul. Pousse-pieds. Prie-Dieu.

Quatre-yeux, prononcez quatre-s-yeux, selon l'Académie. Quasi-contrat.

Rabat-joie. Relève-moustache. Relève-quartier. Remue-ménage. Rez-de-chaussée. Réveille-matin. Rose-croix. Rouge-queue.

Sage-femme. Sainte-barbe. Sauf-conduit. Semi-double. Semi-luminaire. Semi-pension. Semipreuve. Semi-ton. Sergent-major. Serre-file. Serre-papiers. Serre-point. Soi-disant. Sous-arbrisseau. Sous-bail. Sous-bande. Sous-diacre. Sous-chef. Sous-entendu. Sous-lieutenant. Sous-ferme. Sous-fermier. Sous-locataire. Sous-maitre. Sous-maitresse. Sous-multiple. Sous-préfet. Sous-pied. Sous-seing. Sous-ventrière. Sur-arbitre.

Taille-douce. Tic-tac. Tire-botte. Tire-clou. Tire-dent. Tire-fond. Tire-liard. Tire-larigot. Tire-fiente. Tire-filet. Tire-ligne. Tire-moelle. Tire-poil. Tireur-d'or. Tire-laine. Mieux vaut tiretaine. Tire-terre. Tire-tête. Tire-veille. Tourne-feuillet. Tranche-lard. Trouble-fête.

Va-et-vient Va-nu-pieds. Va-tout. Ver-coquin. Ver-luisant. Ver-à-soie. Vert-de-gris. Vice-amirauté. Vice-bailli. Vice-chancelier. Vice-consul. Vice-consulat. Vice-gérant. Vice-légat. Vice-légation. Vice-président. Vice-procureur. Vice-reine. Vice-roi. Vice-royauté. Vice-sénéchal. Vice-sénéchaussée. Vol-au-vent. Volte-face.

Noms des principales couleurs.

Note annoncée, page 57.

Noir. Blanc. Gris. Incarnat. Isabelle. Couleur de feu, — d'amarante, — de rose, — de rose sèche, — de chair, — de citron, — de gris de lin, — de mûre, — d'olive, — de feuille morte, — de ramoneur, — de ventre de biche, — de vert-pomme. Brun rouge. Bleu minéral. Bleu de Prusse. Bleu de cobalt. Brun de Vandick. Brun smalt. Bistre. Bistre-mars. Carmin. Carmin brûlé. Carmin extra. Cendre verte. Écarlate. Garance. Garance brune. Garance rouge. Garance rose. Gomme-gutte. Jaune indien. Jaune de Naples. Jaune garance. Jaune capucin. Jaune-mars. Laque carminée. Laque violette. Laque verte. Noir d'ivoire. Noir de vigne. Noir de bougie. Outremer. Ocre jaune. Pourpre. Pourpre concentrée. Rouge brun. Rouge de Venise. Rouge de saturne. Rouge de Mars. Sépia naturelle. Sépia colorée. Stil de grain anglais smalt. Vert minéral. Terre d'ombre calcinée. Terre de Cassel. Terre d'Italie. Terre de Cologne. Teinte neutre. Vert de Venise. Vermillon. Vermillon de la Chine. Vert de Prusse. Violet Mars. Vert minéral. Vert végétal.

MODÈLES D'ÉCRITURES.

Anglaise.—Majuscules.

A B C D E
F G H I J
K L M N O
P Q R S T
U V X Y Z

Minuscules.

a b c d e f g h i j k l
m n o p q r s f t
u v w x y z &
1 2 3 4 5 6 7 8 9 0

Bien faire vaut mieux que bien dire.

Ronde.

𝒜 ℬ 𝒞 𝒟 ℰ ℱ 𝒢 ℋ 𝒥 𝒦
ℒ ℳ 𝒩 𝒪 𝒫 𝒬 ℛ 𝒮 𝒯
𝒰 𝒱 𝒳 𝒴 𝒵.

a b c d e f g h i j k l m n o p
q r s a t u v w x y z.

La paix du cœur est le plus précieux de tous les biens.

Gothique ordinaire.

𝔄 𝔅 ℭ 𝔇 𝔈 𝔉 𝔊 ℌ 𝔍

𝔎 𝔏 𝔐 𝔑 𝔒 𝔓 𝔔 ℜ 𝔖

𝔗 𝔘 𝔙 𝔛 𝔜 ℨ 𝔚

a b c d e f g h i j k l m n o p
q r s t u v x y z.

Ne plaisantez jamais ni de Dieu ni des Saints ;
Laissez ce vil plaisir aux jeunes libertins.

Gothique ornée.—Majuscules.

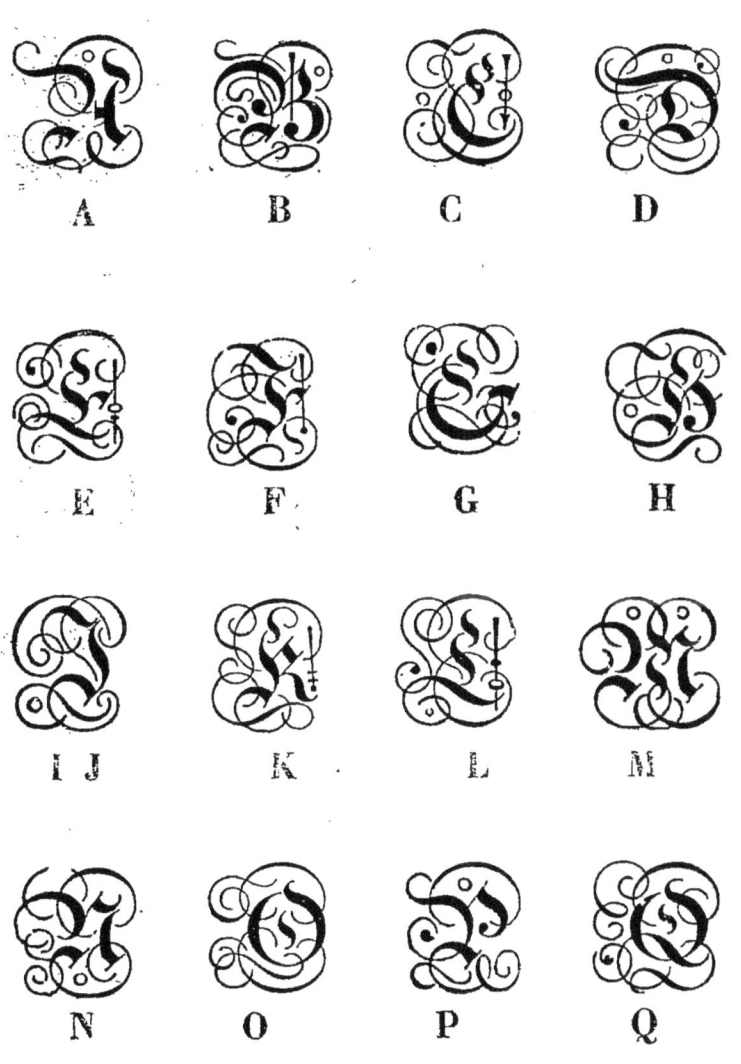

R S T U

V X Y Z

Minuscules.

a b c d e f g g h i j

k l m n o p q r s

t u v x y z.

Dieu voit tout.

www.ingramcontent.com/pod-product-compliance
Lightning Source LLC
Chambersburg PA
CBHW070411090426
42733CB00009B/1624